主编 李天纲

中国国家图书馆藏

民国西学要籍汉译文献·经济学（第二辑）

# 连锁论

La solidarite

［法］查理·季特（Charles Gide）著

彭师勤 译

上海社会科学院出版社
Shanghai Academy of Social Sciences Press

**图书在版编目(CIP)数据**

连锁论/（法）季特著；彭师勤译．—上海：上海社会科学院出版社，2016
（民国西学要籍汉译文献/李天纲主编．经济学）
ISBN 978-7-5520-1166-1

Ⅰ．①连…　Ⅱ．①季…②彭…　Ⅲ．①傅立叶，C．（1772～1837）－合作经济－思想评论　Ⅳ．①F091.351

中国版本图书馆CIP数据核字(2016)第045820号

## 连锁论

主　　编：李天纲
编　　纂：赵　炬
责任编辑：唐云松
特约编辑：陈宁宁
封面设计：清　风
策　　划：赵　炬
执　　行：取映文化
加工整理：嘎　拉　江　岩　牵　牛　莉　娜
责任校对：笑　然
出版发行：上海社会科学院出版社
上海淮海中路622弄7号　电话63875741　邮编200020
http://www.sassp.org.cn　E-mail:sassp@sass.org.cn
排　　版：上海永正彩色分色制版有限公司
印　　刷：常熟市人民印刷厂
开　　本：650×900毫米　1/16开
字　　数：180千字
印　　张：17.125
版　　次：2016年4月第1版　2016年4月第1次印刷

ISBN 978-7-5520-1166-1/F.362　　定价：80.00元（精装）

# 民国西学：中国的百年翻译运动

——《民国西学要籍汉译文献》序

李天纲

继唐代翻译印度佛经之后，二十世纪是中文翻译历史上的第二个高潮时期。来自欧美的『西学』，以巨大的规模涌入中国，参与改变了一个民族的思维方式，这在人类文明史上也是罕见的。域外知识大规模地输入本土，与当地文化交换信息，激发思想，乃至产生新的理论，全球范围也仅仅发生过有数的那么几次。除了唐代中原人用汉语翻译印度思想之外，公元九、十世纪阿拉伯人翻译希腊文化，有一场著名的『百年翻译运动』之外，还有欧洲十四、十五世纪从阿拉伯、希腊、希伯来等『东方』民族的典籍中翻译古代文献，汇入欧洲文化，史称『文艺复兴』。中国知识分子在二十世纪大量翻译欧美『西学』，可以和以上的几次翻译运动相比拟，称之为『中国的百年翻译运动』、『中国的文艺复兴』并不过分。

运动似乎是突如其来，其实早有前奏。梁启超（1873–1929）在《清代学术概论》中说：『自明末徐光启、李之藻等广译算学、天文、水利诸书，为欧籍入中国之始。』利玛窦（Mateo Ricci, 1552–1610）、徐光启、李之藻等人发动的明末清初天主教翻译运动，比清末的『西学』早了二百多年。梁启超有所不知的是：利、徐、李等人不但翻译了天文、历算等『科学』著作，还翻译了诸如亚里士多德《论灵魂》（《灵言蠡勺》）、《形而上学》（《名理探》）等神学、哲学著作。梁启超称明末翻译为『西学东渐』之始是对的，但他说其『范围亦限于天（文）、历（算）』，则误导了他的学生们一百年，直到今天。

从明末到清末的『西学』翻译只是开始，而且断断续续，并不连贯成为一场『运动』。各种原因导致了『西学』的挫折：被明清易代的战火打断；受清初『中国礼仪之争』的影响；欧洲在1773年禁止了耶稣会士的传教活动，以及儒家保守主义思潮在清代的兴起。鸦片战争以后很久，再次翻译『西学』，仍然只在上海和江南地区。从翻译规模来看，以上海为中心的翻译人才、出版机构和发行组织都比明末强大了，影响力却仍然有限。梁启超说：『惟（上海江南）制造局中尚译有科学书二三十种，李善兰、华蘅芳、赵仲涵等任笔受。其人皆学有根底，对于所译之书责任心与兴味皆极浓重，故其成绩略可比明之徐、李。』梁启超对清末翻译的规模估计还是不足，但说『戊戌变法』之前的『西学』翻译只在上海、香港、澳门等地零散从事，影响范围并不及于内地，则是事实。

对明末和清末的『西学』做了简短的回顾之后，我们可以有把握地说：二十世纪的中文翻译，或曰中华民国时期的『西学』，才是称得上有规模的『翻译运动』。也正是在二十世纪的一百年中，数以千计的『汉译名著』成为中国知识分子的必读教材。1905年，清朝废除了科举制，新式高等教育以新建『大学堂』的方式举行，而不是原来尝试的利用『书院』系统改造而成。新建的大学、中学，数理化、文史哲、政经法等学科，都采用了翻译作品，甚至还有西文原版教材，于是，中国读书人的思想中又多了一种新的标杆，即在『四书五经』之外，还必须要参考一下来自欧美的『西方经典』，甚至到了『言必称希腊、罗马』的程度。

我们在这里说『民国西学』，它的规模超过明末、清末；它的影响遍及沿海、内地；它借助二十世纪的新式教育制度，渗透到中国人的知识体系、价值观念和行为方式中。这些结论虽然都还需要论证，但从一般直觉来看，是可以成立的。中国二十世纪的启蒙运动，以及『现代化』『世俗化』『理性化』都与『民国西学』的翻译介绍直接有关。然而，『民国西学』到底是一个多大的规模？它是一个怎样的体系？它们是以什么方式影响了二十世纪的中国思想？这些问题都还没有得到认真研究，我们并没有一个清晰的认识。还有，哪些著作得到了翻译，哪些译者的影响最大？『西学东渐』的代表，明末有徐光启，清末有严复，那『民国西学』的代表作在哪里？这一系列问题我们并不能明确地回答，原因就在我们对民国翻译出版的西学著作并无一个全程的了解，民国翻译的那些哲学、社会科学、人文学科的『西学』著作，束之高阁，已经好多年。

举例来说，1935年，上海生活书店编辑《全国总书目》，『网罗全国新书店、学术机关、文化团体、图书馆、政府机关、研究学会以及个人私家之出版物约二万种』。就是用这二万种新版图书，生活书店编制了一套全新分类，分为：『总类、哲学、社会科学、宗教、自然科学、文艺、语文学、史地、技术知识』。一瞥之下，这个图书分类法比今天的『人大图书分类法』更仔细，因为翻译介绍的思潮、学说、学科、流派更庞大。尽管并没有统一的『社科规划』和『文化战略』，『民国西学』却在『中国的文艺复兴』运动推动下得到了长足发展。查看《全国总书目》（上海，生活书店，1935），在『社会科学·社会科学一般·社会主义』的子目录下，列有『社会主义概论、社会主义史、科学的社会主义、无政府主义、基尔特社会主义、乌托邦社会主义、基督教社会主义、议会派社会主义』等；在『社会科学·政治·政体政制』的子目录下，列有『政治制度概论、政治制度史、宪政、民主制、独裁制、联邦制、各种政制评述、各国政制、中国政制、现代政制、中国政制史』等，翻译、研究和出版，真的是与欧美接榫，与世界同步。1911年以后的38年的『民国西学』为二十世纪中国学术打下了扎实的基础，而我们却长期忽视，不作接续。

编辑出版一套『民国西学要籍汉译文献』，把中华民国在大陆38年期间翻译的社会科学和人文学科著作重新刊印，对于我们估计、认识和研究『中国的百年翻译运动』、『中国的文艺复兴』，接续当时学统，无疑是有着重要的意义。1980年代初，上海、北京的学术界以朱维铮、庞朴先生为代表，编辑『中国文化史丛书』，一个宗旨便是要接续1930年代商务印书馆王云五主编『中国文化史丛书』，重振旗鼓，『整理国故』，先是恢复，然后才谈得上去超越。遗憾的是，最近三十年的『西学』研究却似乎没有采取『接续』民国传统的方法来做，我们急急乎又引进了许多新理论，诸如控制论、信息论、系统论……还有『老三论』、『新三论』、『后现代』、『后殖民』等等新理论，对『民国西学』弃之如敝屣，避之唯恐不及。

民国时期确实没有突出的翻译人物，我们是指像严复那样的学者，单靠『严译八种』的稿酬就能成为商务印书馆大股东，还受邀请担任多间大学的校长，几份报刊的主笔。但是，像王造时（1903–1971）先生那样在『西学』翻译领域做出重要贡献，然后借此『西学』，主编报刊、杂志，在『反独裁』、『争民主』和『抗战救国』等舆论中取得重大影响的人物也不在少数。王造时的翻译作品有黑格尔的《历史哲学》、摩瓦特的《近代欧洲外交史》、《现代欧洲外交史》、拉铁耐的《美国外交政策史》、拉斯基的《国家的理论与实际》、《民主政治在危机中》。1931年，王先生曾担任光华大学教授，文学院长，政治系主任，后来创办了《主张与批评》（1932）、《自由言论》（1933），组织『中国民权保障同盟』（1932）。他在上海舆论界发表宪政、法治、理性的自由主义；他在大学课堂上讲授的则是英国费边社社会主义、工联主义和公有化理论（见王造时著《荒谬集・我们的根本主张》，1935，上海，自由言论社）。非常可惜的是，王造时先生这样复杂、混合而理想主义的政治学理论和实践，在最近三十年的社会科学、人文学科中并无讨论，原因显然是与大家不读，读不到，没有再版其作品有关。

我们说，『民国西学』本来是一个相当完备的知识体系，在经历了一个巨大的『断裂』之后，学者并没有好好地反省一下，哪些可以继承和发展，哪些应该批判和扬弃。民国时期好多重要的翻译著作，我们都没有再去翻看，认真比较，仔细理解。『改革、开放』以后，又一次『西学东渐』，大家只是急着去寻找更加新颖的『西学』，用新的取代旧的，从尼采、弗洛伊德……到福柯、德里达……就如同东北谚语讽刺的那样：『熊瞎子掰包谷，掰一个丢一个。』中国学者在『西学』武库中寻找更新式的装备，在层出不穷的『西学』面前特别害怕落伍。这种心态里有一个幻觉：更新的理论，意味着更确定的真理，因而也能更有效地在中国使用，或者借用，来解决中国的问题。这种实用主义的『西学观』，其实是一种懒惰、被动和浮躁的短视见解，不能积累起一个稍微深厚一点的现代文化。

讨论二十世纪的『西学』，一般是以五四『新青年』来代表，这其实相当偏颇。胡适、陈独秀等人固然在介绍和推广『西学』，倡导『启蒙』时居功至伟，但是『新文化运动』造成不断求新的风气，也使得这一派的『西学』浅尝辄止，比较肤浅，有些做法甚至不能代表『民国西学』。胡适先生回忆他们举办的《新青年》杂志，有一个宗旨是要『输入学理』，即翻译介绍欧洲的社会科学、人文学科知识，他还大致理了一个系统，说『我们的《新青年》杂志，便曾经发行过一期「易卜生专号」，专门介绍这位挪威大戏剧家易卜生，在这期上我写了首篇专论叫《易卜生主义》。《新青年》也曾出过一期「马克思专号」。另一个《新教育月刊》也曾出过一期「杜威专号」。至于对无政府主义、社会主义、共产主义、日耳曼意识形态、盎格鲁·萨克逊思想体系和法兰西哲学等等的输入，也就习以为常了。』（唐德刚编译：《胡适口述自传》，北京，华文出版社，1992年，第191页）。胡适晚年清理的这个翻译目录，就是那一代青年不断寻找『真理』的轨迹。三四十年间，他们从一般的人性论学说，到无政府主义、社会主义、马克思主义；从不列颠宪政学说，到法兰西暴力革命理论、德意志国家主义思想，再到英格兰自由主义主张，大致就是『输入学理』运动中的全部『西学』。

胡适一语道破地说：『这些新观念、新理论之输入，基本上为的是帮助解决我们今日所面临的实际问题。』胡适并不认为这种『活学活用』、『急用先学』的做法有什么不妥。相反，二十世纪中国知识分子接受『西学』的方法论，大多认为翻译为了『救国』，如同进口最新版本的克虏伯大炮能打胜仗，这就是『天经地义』。今天看来，这其实是一种庸俗意义的『实用主义』，是生吞活剥，不加消化，头痛医头，脚痛医脚的简单思维，或曰：是『夺他人之酒杯，浇自己之块垒』。从我们收集整理『民国西学要籍汉译文献』的情况来看，『民国西学』是一个比北大『启蒙西学』更加完整的知识体系。换句话说，我们认为『五四运动』及其启蒙大众的『西学』并不能够代表二十世纪中国西学翻译运动的全部面貌，在北大的『启蒙西学』之外，还有上海出版界翻译介绍的『民国西学』。或许我们应该把『启蒙西学』纳入『民国西学』体系，『中国的百年翻译运动』才能得到更好的理解。

我们认为：中国二十世纪的西学翻译运动，为汉语世界增加了巨量的知识内容，引进了不同的思维方式，激发了更大的想象空间，这种跨文化交流引起的触动作用才是最为重要的。二十世纪的中国文化变得不古不今，不中不西，并非简单的外来『冲击』所致，而是由形形色色的不同因素综合而成。外来思想中包含的进步观点、立场、方案、主张、主义……具有普世主义的参考价值，但都要在理解、消化、吸收后才能成为汉语语境的一部分，才会有更好的发挥。在这一方面，明末徐光启有一个口号可以参考，那便是『欲求超胜，必须会通；会通之前，必先翻译』。反过来说，『翻译』的目的，是为了中西文化之间的融会贯通，而非搬用；『会通』的目的，不是为了把新旧思想调和成良莠不分，而是一种创新——『超胜』出一种属于全人类的新文明。二十世纪的『民国西学』，是人类新文明的一个环节，值得我们捡起来，重头到底地细细阅读，好好思考。上海社会科学院出版社邀我主编『民国西学要籍汉译文献』，献弁言于此，是为序。

2016年3月20日，于阳光新景寓所

[法] 查理·季特（Charles Gide）著　彭師勤　譯

# 連鎖論

中華民國二十六年二月初版

# 壽序

自我國有合作運動以來，出版界之合作書籍，已不可謂少，但大都非失之簡略，卽已嫌過舊，欲求能適合目前一般合作教育之需要，可作爲標準教材者僅寥寥數種而已。本院有鑒於此，故於開辦之時，卽以供給此項需要爲本院職責之一，因特擬具科目分別邀請專家從事編著，雖因力求速效，付印倉猝，掛漏之處，未能全免，然於立論之力求公允，組織之較有系統材料之較爲新穎，觀察之比較周密而切實，則差足自信，而可告無罪於讀者也。

本叢書分四大部分：一、原理之部，連鎖論、及合作原論兩書屬之；二、經營之部，農業合作經營論、農業倉庫經營論、農業金融論、交易合作經營論、工業合作經營論、保險合作經營論、及合作會計學等七書屬之；三、歷史之部，世界合作運動史、及中國合作運動史兩書屬之；四、問題之部，則由各專家分別發表意見，彙爲一書，而總稱之曰中國合作問題。

現在我國合作思想，頗形紛歧，思想紛歧，斯政策亦難一致，此於我國合作運動之合理發展，爲害匪淺。考其原因，雖或由於合作教育之凌亂分散而無一定制度，要亦合作教育之缺乏標準，有以致之。今後各省合作教育，如能概以本叢書爲教本，則於合作思想之調整，當能有其裨益，此雖近於奢望，亦所以爲我國合作前途計也。

本書作者季特氏爲法國合作經濟學泰斗，其原著早已膾炙人口。彭師勘先生久從季特氏遊，對於季特之著作，每能融會貫通、明晰入微，故不獨譯筆文雅，卽於信達二字，亦非他人所可幾及，誠本叢書之光也。

關於本叢書之編輯，承本院教授王世穎先生共同計劃，得力甚多，特此一併誌謝。

壽勉成於合作學院　二五、十、卅一。

# 原序

我們這裏印行的連鎖論，是一九二七年至一九二八年間冬天法蘭西學院一個課程的講義。這是最末一本季特自己改正的講演記錄。那是值得我們特別提起的，因爲季特在這本書的校正上，非常謹愼。曾經把他的思想重新用了選擇過的文字表現出來，使我們在全書各處得以從他的幻想的和與奮的句子、典雅的談吐、流暢的文筆內把一個季特絲毫不差地找着。字裏行間，著者整個的爲人，栩栩欲生。經濟學家的季特、倫理學家的季特、社會學家的季特、基督教徒的季特、合作者的季特，在這本連鎖論中，同時呈現于吾人之目前。不管這是一時的巧合，還是有意的結構，這本在他易簀之前數週所校正的書，實是我們一切愛戴他的人之精神的遺囑。卽使不談別的，專只這本書，已夠我們對之肅然起敬，尊爲導師。

★　★　★

先從書名講起。連鎖不僅被季特用作一年間講學的題目，而且最初取來加以發揮光大的人，他也是其中之一個。他的格物致知的熱情和他的長如靑年的精神，使之繼續無間地在他的生命行程上，因經驗的不絕更新，科學地的深入探討，而提出了這偉大的連鎖事實的例證。

連鎖雖然只是一種事實，可是也一樣地得以拿來做成一種學說的基礎。季特就是比較他人更為迫切地感到這種需要的一個。季特是孔德的大同鄉，孔德正是連鎖論的先驅季特根據孔德的研究，在人類的彼此互相依賴，在人類與其祖先及後代、或與其社會環境的關係中發見了他的理想中的經濟制度的基礎，而自創一個「新學派」以和古典學派卽自由學派、舊教學派卽權力學派、社會學派卽中等學派抗衡。那是一八八九年的事。連鎖主義卽于此時誕生。

季特本來是很謙虛的人，正是因為這種過分的謙虛，才有後來的把這個新學說的創始的功績歸之他人，就是在本書中，他還是抱的這種態度。我們當然不是想把雷項布爾亞的成就抹殺，說是連鎖主義的創立與他無關。這個急進黨的大政治家在取連鎖主義以為其政黨綱領的理論基礎時，對于這個主義確有重大的建樹，無從否認他的應得的地位不過他雖是給了連鎖主義一個法學的解釋——準契約的解釋，雖是使之成為一個通俗的學說，然而他只是連鎖主義的乾爹，并不是連鎖主義的生父。關于這點，我們完全和晃亞耶先生同意，他說：「從學說本身言，他（季特）是無可否認地和連鎖主義不能分離。實在說來，他幾乎就是連鎖主義的創始者。」——（註一）

無疑的無論從科學方面着眼抑或是從社會運動方面着眼，季特是合作主義的創始人，并且深信永不會有人將來對此提出抗議。合作主義不惟給與了經濟科學以一種新的綱要，而且給與了一種實施的方法，所以合作主義的內容是非常豐富的。那創立這種內容如此豐富之主義的第一人，即使沒有他種貢獻，已足使其有無限的光榮。然而我們却不能因季特有了這種光榮，就拋棄他的對于社會學的貢獻，而忘記他是連鎖主義的創始人。

次之，假如我們說季特在連鎖主義中正和他本人沒有二致，也是一樣的錯誤。他把他性格上的表面似乎相反的東西——個人主義者的和社會的兩方面予以調和了。他竟能得到這麼樣的一個奇蹟，使古資的自由學派的理論和社會主義者的接近。這到底是若干人所有的不可思議的偉力，還是這若干人獨具的天賦呢？（註二）「假如你想更升得高，」他在「新學派」演講中叫道：「升到整個個人所能達到的頂點，而成爲最完善、最合于『人』之精義的人時，那你也就一樣地有權力和詩人一同唸着 "Homo sum et nilhumani a me alienum puto" 即是說你一樣有一個足以和千萬人的心共鳴的廣大的心」（註三）這裏季特實是給他自己下了一個定義。他說這即所謂隱迷。我們知道這隱迷一字正可以在基督教的辭典中找出。

這爲我們所痛悼的先師，既在其深奥的思想上給我們指出了這麼許多的途徑，已足令我們對這本著作發生一種持久的興趣，何況還有別的理由叫我們不能不拿來誦讀呢？這雖是爲時已久的沈思，離現在有多少年載了，然而仍舊是再入時也沒有。

★　★　★

原來連鎖主義是有一個奇特的命運的，從學說方面言，雖然似乎有點暗淡起來了，可是在社會範疇內却是到處應用，到處實施。季特自己說得好，目下人類的兩個大顧慮——社會保險和義務教育——都是連鎖主義的嫡嗣。累進所得稅也是一樣。今日大多數國家所推行的改革，正是這種的改革。

我們果眞再找得出比連鎖主義更能發生優良影響的哲學學說嗎？我們果眞再找得出比連鎖主義更能造福于人羣的學說嗎？

★　★　★

現在我們要說的是這本連鎖論在他的法蘭西學院六年講學記錄所印成的著作中佔的是什麼地位。大家都知道這個講座是法國大多數合作社爲得在高等教育界宣傳合作理論而負責創設的。黎士特先生說這種創意是果敢而聰敏的行爲，（註四）眞非過言；這裏的講授記錄所印成的一套書，在現時是合作制度之最完備的科學研究之結晶。

季特在這裏以次研究合作的理論與實際，合作的成就與法則。先從「大戰中法國的合作組織」「外國（英俄）的合作運動、「拉丁國家的合作運動」開始；這雖是對于消費合作運動之一種鳥瞰一類的東西，然而却含有深入的觀察和正確的批評。這一種形式的合作運動，實以他爲其偉大的理論家和虔誠的使徒；除了他以外，還有什麼人更宜于爲之寫成歷史指示前程呢？

但是季特并不是一個有成見的人。他雖是對消費合作組織有所偏愛，然而并不是那種不了解別的方式的合作組織之重要的人，所以他一樣地願意爲我們分析「生產合作」和「農業合作」，而有專書問世。

這種客觀的研究，因事實的觀察，跟着把他帶上學理的研究上去。

他的「共產新村與合作組織」本是更不宜于分類的。在這裏我們重新發見了想像家的季特——一位對什麼東西都歡喜留心的季特，他不自禁地爲我們講述一些社會前驅的經驗：那有時幸而成功有時不幸而失敗的經驗。這眞是一本可愛的著作，尤其是我們在這裏給一位有講故事之天才。的季特領着去作了一次「意卡里」的旅行。

他的「合作先驅傅立葉」差不多是同一性質的東西。他在別的地方曾經說過，（註五）傅立葉在他眼光中，不僅是合作運動的先驅，而且是合作運動的實行家，至少也是紙上的實行家。傅立葉之所以能在季特的法蘭西學院的講學中佔一個地位，正是爲此，而且是理所當然的。

「尼墨學派」一書還沒有出歷史的範圍，但是我們已踏上了理論的門限了。從合作史上言，是一本最含熱情的作品；簡直是季特的一篇自傳。據他自己說，那是他最歡喜的一本書，因爲尼墨學派是完全受了他的影響的，那是他的生存中最美滿的一部份；多少動人的紀念，多少對其故鄉的幻影，都在內邊浮現；不惟如此，合作學說的精義和社會原理，也在這裏可以找出基礎來！

這種合作學說是在他的基礎的合作著作——「合作理論比較研究」中最好地、最完備地發揮着的。這是我們無時不應該參攷的書。這是合作文獻中的傑作，是值得和他的「經濟學原理」被着做同垂不朽的經典。

但在一個合作理論的陳述中，假如不能同時給經濟科學且更普遍地給社會科學說明若干的特殊問題，那末這裏的陳述，仍難稱爲完整。從科學方面言，合作的貢獻，特別是態度。一個合作經濟學家對于一切事實、一切制度是從一個新的觀察點出發的。

季特在他的「經濟學原理」與「經濟學講義」中已經好幾次企圖把合作對于種種不同的經濟現象的看法確定下來。在法蘭西學院曾經更特別地注重兩三個專門問題：或是研究「平價，」或是研究「反生活昂貴的奮鬭，」這兩者都是價格形成的問題。或者移轉視線到「利潤的奪取」上去，把這個經濟科學上頂重要頂複雜的問題予以分析。

這裏他的連鎖論又從一般的觀點上和我們相見了，這是幾乎可以稱做他的學說的柱石的由合作的實際到合作的理論，由合作的理論到經濟科學，終且走入倫理和社會學的範疇，而求其與政治經濟科學的關係。連鎖主義不惟確是季特的倫理，而且竟可以說是季特的宗教。但是這種道德之在季特精神上發生作用，幷不是偶然的思維之果實，而是他的社會生活經驗的合于邏輯的展開。這種道德是有其無限的事實爲根據的，而且這些根據已由我們的這位經濟學家的研究、這位合作戰士的經驗給我們指示出來了。

季特的思想以及其親切的顧慮寶貴的信仰，都一樣樣地從這本連鎖論中呈現于吾人之目前。

李特既以一本這樣的書再好不過地結束了他的那些眞能代表自己的關于合作的著作，雖死猶生！

（註一）哈臣里紀念李特文，見"Revue des Etudes Cooperatives, avril-juin 1932, P. 231.

（註二）李特的話見法國大文學家紀德在一九三二年十月號的「法國的新雜誌」中曾有這樣的一句話「在我看來，個人主義的本身既如眞能通知其位，是可以有助于社會全體的。」

（註三）李特著"L'Ecole Nouvelle" 見"Quatre écoles d'économie sociale" Genève, 1890, P. 145.

（註四）Revue d'Economie politique, mars-avril, P. 252.

（註五）傅立葉文選李特引言，Sirey, 1932, P. IX.

喬治費遂呂

# 查理季特評傳（代序）

## 一

季特于公元一八四七年六月二十九日生于法國的古郎格多（Languedoc）省賀爾（Gard）府玉翠士（Uzes）的一個信仰新教的世家。于公元一九三二年三月十二日卒于巴黎寓所德剛路二號，享壽八十有五。

父名譚克雷特·季特（Tancrède Gide），先爲本縣審判員，後升首席審判官由公元一八三一年至一八六七年，在職凡三十六載。母名克雷滿絲·格拉尼爾（Clémence Granier）。季特有兄名約翰·保羅·基約姆·季特（Jean Paul-Guillaume Gide），爲當今法國文壇第一流最大作家昂德雷·季特（André Gide國人簡譯爲紀德）之父，長季特十五歲，且爲季特業師。因爲當季特在巴黎大學法學院讀書時，他已經由格林諾布（Grenoble）調到這學院來當羅馬法教授，而爲法國以歷史方法研究羅馬法的一個創始人。

季特于三十三歲時妻瑞士入安士氏(Im-thurn)女，名安娜（Anna），有子二，長子與其所指擇的士卒于歐戰時死于阿拉士（Arras）之役；次子名愛德華·季特(Edouard Gide)爲銀行家。女一，適愛斯皮納士(Espinas)。

季特生時，曾于談次說及季特一名，將從他自己的兒子一代而絕滅。他從我的詫異的眼色中，知道不能不加以說明。所以不等我開口，就繼續解釋道，昂德雷沒有小孩子，我自己的兒子不結婚，豈不是季特一姓將不久就要在法國找不出後裔嗎？

★　★　★

季特幼時在他父親的監督之下，除在本縣中學肄業外，特別注意文學。而他的愛好文藝的習尚，也就從這時養成了。在巴黎大學法學院當學生的時候，雖有長兄的獎掖，還是以在索爾邦（巴黎大學文科），法蘭西學院以及畫家工作室(阿郎雪 Allange 和拉蘭勒 Lalawne的工作室)所花費的時間，較在法學院講堂和圖書室花費爲多。他很有畫家的天才，作品也不少。據莫諾(Monot)說，他的畫以炭畫、鉛筆畫、水彩畫爲多，平常從不願以示人。現在爲他的家人所藏的，有「賈爾橋」「科立亞磨坊」「聖尼哥拉橋」「波姆山莊」，這些全都是充滿着詩意的風景寫生。至于外國文學之被他介紹到法國，而爲人所知的，是梅特林的作品。他在蒙伯利爾教書時每當衆朗誦或謂他任兒在文學上的成就，他與有功，確非過言。他的書房內一壁書櫃，沒有一本不是文藝的名著。（他的關于經濟學和社會學的書籍，是放在左側的一間藏書室裏的）。無怪乎他的傳記家我的友人都德班色（Daude-Bancel）君要說他是一個藝術家（Artist）。

他的博士論文，叫做宗教上的結社法（Du Droit d'association en matiere religieuse），于公元一八七二年提出。從這個論文上我們可以看出兩點，是他從這時起已經留心于宗教問題的探討，和結社制度之研究。這個博士銜頭，在他本是不願意要的，無奈他的長兄多方慫恿，使他不能不違心相從。加之這時的教授考試，差不多完全注重羅馬法和民法，使他對于法學的研究更視爲畏途。

既是這種情形，所以他的教授考試完結之後（一八七四年），就把法學的研究拋棄，另向他方去找出路。這個出路終于被他找到了，即那時纔有人開始研究的政治經濟學。

可是政治經濟也只是較法學稍爲能夠引起他的興味的一種科學，仍不是他的理想中的工作。他當時雖不是怎樣對古典經濟學派有甚深的惡感，然而他們的"Laisser faire" "Laisser passer"的「任其自然」的主義實很使他懷疑。他在波爾多（Bordeaux）大學任政治經濟教授六年（一八七四年起），所講的幷不是供求律，更不是"Laisser faire" "Laisser passer"，而是一些帶有幻想的、一些正是藝術家所選的題目：如神仙史（Histoire des Fées），莫爾滿的教堂（Eglise des Mormons），日本維新（Revolution du Japon），尼羅河的泉源（La Saurce du Nil）等。這些演講在當時大爲聽衆所愛好，而尤其是他的一班女弟子。

他雖是因他的和黎士特（Ch. Rist）所編的經濟思想史以及他個人所著的經濟學原理和經濟學講義，被世人公認爲經濟學的泰斗，然而他自己始終不願意人家這樣稱呼他。

他之所以由法學轉到經濟學，也是他的長兄的影響。我們這位羅馬法的教授，看見弟弟不喜歡法學，很有研究自然科學或歷史學尤其是美術的傾向時，想從經濟和社會問題方面把他的趣味轉過來，所以贈給他一册巴士幾亞全集（Oeuvres complètes de Bastiat）。這位經濟的諧和（Harmonies économiques）一書的作者，是法國自由經濟學派的主將，在主張上雖是不能和他的一致，然而因文字的瀟洒雅致和深入簡老，竟能得他的歡心，而經濟學從此對他很有一點吸引力。他在臨終的前幾天曾把這册書轉贈給都德班色君，據都德班色君說，他在這册書上用功甚多，因爲我們從他的小註和頂批上可以看得出來，尤其是第四五六三部的頂批多得如同螞蟻的隊伍。

他于公元一八八〇年由波爾多轉到蒙伯利爾（Montpellier）大學。在這時他才專心于某種社會經濟問題的研究。到公元一八八三年發表他的土地所有權的幾種新學理的研究（Quelques nouveaux enseignements sur la propriété foncière），在這篇洋洋數萬言的介紹兼批評的文章中，把美國亨利喬治（Henry George）的進步與貧乏作了一個深入的研究。他把亨利喬治看成一個集產主義者（Collectiviste）。他藉着這種機會，把土地所有權的來源，加以說明，且頗有批評。這種批評，雖不是取的蒲魯東（Proudhon）的「所有權者贓物也」的方式，然而已經爲當時正統派經濟學家所不滿。所以這篇文章在公元一八八三年五月號的經濟學家雜誌（Journal des Economistes）發表之後，經濟學家如莫里拉黎（Molinari）、弗里特里克巴喜（Frederic Passy）、古舍爾瑟內意（Courcelle-Seneuil）等把他看作經濟學上的異端。他和古典經濟學派的不和，從此開始，當日的古典經濟學派的領袖樓羅庇波里留（Leroy-Beaulieu）且使經濟學家雜誌不再發表他的文字。這班人的成見非常之重，季特在他所著的書中不知多少次地說到。他們認爲經濟學只有一個，不能加以任何形容詞在他們所傳授的經濟學的一名詞之上：既不能稱之爲古典派，因爲古典派以外的學說，不能稱爲經濟學，也不能稱之爲正統派，因爲正統派以外沒有經濟學，更不能稱之爲自由學派，因爲不尊崇"Laisser faire""Laisser passer"而妄想「有事可做」(Il y a quelque chose à faire)的人，絕對不是經濟學家。季特雖不是主張革命的人，但總是認爲有事可做的黨羽，雖不是絕對的干涉主義者(Interventionniste)，但總不願用麥西爾德拉黎勿爾(Mercier de la Rivière)對俄國女皇大加德蠎所說的話叫從事政治的人專去認識自然的意欲而實用之這樣的一個季特當然非正統經濟學派所能容。

然而季特雖是因此成了正統學派的敵人，雖是從此成了另一學派—連鎖主義學派的一個創設人，直到他的晚年，仍然十二分地尊敬正統學派的經濟學者。

同年他印行了他爲學生考試用所著的經濟學原理。這本書對于正統經濟學派雖沒有惡意，然而在當時却引起了許多意氣的批評。惟是經濟學家的這種批評，不能減少學生們的同情與愛好，至今五十年，還爲研究經濟學的學生所必讀的書籍。算至最近止共出二十七版（第二版銷完時已達十萬部），被譯成四十九國言語。我們在這裏還得附說一句：他幷不是因爲愛好經濟學，才去寫這本書，而是完全爲的便利研究這門「討厭」(ennuyeuse)的科學的學生。以他的流暢的文筆，明晰的分析，使這本書眞能成爲小說一樣的讀物，有令人一讀必欲終卷的成功。使經濟學不再被人看作「瘟科學」(Science sinistre)。

季特既不見容于正統經濟學派，乃于公元一八八七年和維累(E. Villey)、頤爾丹(A. Jourdain)、哥維士(Cauwes)及聖馬爾克(Saint-Marc)、士維德蘭(Schwiedland)諸人創設政治經濟雜誌，自任主編，直至去世之日。這個雜誌雖經正統學派的多方攻擊，然四十餘年來，一日發達一日，久已成了世界經濟學界的有名刊物。

當他在蒙伯利爾教書的時候，他的故鄉尼壓有一位德波亞佛(E. de Boyve)和法布爾(Auguste Fabre)組織了一個平民經濟社(Société d' Économie populaire)。這個組織中除了這兩位領袖之外，大都是工人，而且有一些掃街的工人。即以這兩位領袖而論，第一個是地主，第二個是由工業家變爲工人的人，所以很需要一個論理家宣傳者，他們聽見有一個當教授的同鄉，思想既然新穎，意見又甚接近，所以去要求他爲社內幫忙。他在講過傅立葉的預言(Prophéties de Fourier)之後，即成了這個團體之一員。這篇演說曾經由平民經濟社印爲單行本分發給巴黎合作社社員及一八八五年法國第一次合作社聯合大會舉行之後，法國合作運動更得有一個理論家和宣傳家以爲精神上的指導之必要。季特從此成了法國合作運動的喉舌。

次年第二屆法國合作社聯合會年會在里昂舉行季特被推爲年會主席。他這次的演講，如今已成了歷史上的文件。當日不僅得與會者的熱烈的贊賞，就是巴黎各報紙，也無不將演講詞的全文或摘要刊出。季特這一次的成功，固屬他的辯才之不可多覯，尤其是能夠把彼時一個大問題解決，卽是說使社會主義運動與合作主義運動能夠合在一塊，闡明牠們相互的關係。演講中主要的論點是主張以消費者的聯合實現利潤之廢除和貨銀制度之打破這種主張是後來他所鼓吹的學理的萌芽。

他的亨利喬治的介紹，既已引起正統經濟學派的不滿，這種帶有宣傳社會主義嫌疑的演講，更激起他們的雷霆之怒。譓羅亞波里留且親自出馬，在公元一八八六年十月九號至二十六號的法國經濟學家報上接連攻擊季特和合作運動。這時以前，合作運動還沒有被正統經濟學家斥爲怪物，而且認爲是平民儲蓄的一個不壞的組織。一到這時，態度完全變了。樓羅亞波里留把季特比作一個救火隊的隊員，爲得救火把洋油加入噴水管內向火上直射。這種批評對於季特個人和合作主義毫無損傷，反使一般工人對合作主義和季特個人深表同情。而且正因爲這篇演講，季特有機會於兩年後在巴黎第十二區的工人合作社所組織的演講會中講合作主義的將來。這篇演講先在社會主義者雜誌（Revue Socialiste）上發表，後又印爲單行本。法國合作運動自公元一八七九年馬賽（Marseille）會議分裂之後至此重行充滿了一種和諧的空氣，以爲將來的統一留下了種子。

季特根據里昂會議和尼墨學派的領袖德波亞佛創立了解放（Emancipation）雜誌之後，又於翌年（公元一八八七年）組織了一個雜誌，叫做社會基督主義（Le christianisme social）。這個「加爾維尼教派」（Huguenot），雖不是迷信的人，然而對於眞正的教義甚爲服膺，在他的著作中，我們到處可以找得由聖經上所引來的名言。一月前我和都德班色君在喬治哥塞兒君（Georges Gaussel）家午餐時，聽了都德班色君講的許多關於季特的逸聞之後，我們這位爲季特遺囑選做著作管理人的東道主，說季特第一次和他談話時，曾問他是不是新教徒。他以雖是舊教徒，然而對新教很表同情作對。他相信假如他眞是新教徒時，季特必另眼相待。季特在蒙伯利爾教書時，因爲宣傳合作甚爲新教徒所嫉視，認爲一個同教的人，對于資本主義和進步攻擊不遺餘力，只能稱爲異端。然而季特對於新教徒始終保持他的好感。每逢談到新教時，他總盛稱新教徒對於現代工業的貢獻和對進步之功績。不過他所信仰的是「社會的」基督主義，這個基督主義既不是專重教堂的舊教主義，也不是雖重教義然仍與資本主義同一鼻孔出氣，剝削勞動階級，維護工錢制度和利潤制度的新教主義。尼墨學派的三個首領都是這「社會的」基督主義的信徒。德波亞佛是滲入了英國的歐文主義的，法布爾是和季特一樣，受了傅立葉的幻想的社會主義之影響的。人權宣言在他們三人的心中都佔了一個重要的地位，雖是八十九年代的法國革命不惟不主張結社，而且加以取締，教士的基督主義雖是帝國主義的先驅和嚮導，然而像他們這三個人，無論怎樣有時爲進步與和平的過度的空氣所窒息，總是一個有仁慈博愛的理想人物。寫到這裏，我不禁要想到季特在會晤甘地後的一篇登在解放周刊的感想文字。他說「怎樣能夠使人權宣言實用於七千萬被認爲『不可動指』的人民的國度呢？歐洲各國還不能夠造成一個聯邦，而且愈離愈遠，怎樣一個政治言語宗教龐雜的印度，自有歷史以來即爲他人所征服，能夠在自由中實現統一呢？說她將和中國一樣地要陷入無政府、饑饉、戰爭的狀態中，豈是無理的臆說嗎？……」又說「假如我是英王喬治兼印度的皇帝，我將向甘地說：『你不再要我們在這裏嗎？好的。我們不管你們怎樣，我們也不願再留在這裏。我們帶了軍隊和一切回去。——但是三年之後，你們定要叫我們重來。』」這種說法，無論牠和事實符合與否，我們認爲總不免有爲殖民主義者帝國主義者張目之嫌。不過他的相對主義者的觀察，雖是用在這裏的和平與進步上用錯了，然而我們得說一句平心的話，他確不是有意獎勵帝國主義者對殖民地人民的剝削，只是因愛和平與進步太甚，連假的和平與進步也袒護起來罷了。

他曾經參加新教社會問題研究會，并和他的同志組織了一個基督社會主義會社。有一次里昂大學教授昂德雷飛里普(André Philipp)受基督社會主義學社的約講基督社會主義，由他主席，他在開會詞中，嘆息在座的人老者多過靑年，對於基督社會主義的前途，頗抱悲觀。尤其在他這樣的年紀，看見自己所信仰的不爲靑年所擁護，心上如何能夠不難過。據說，季特晚年曾故意到耶路撒冷去旅了一次行，向他的傳記家證明他是一個完完全全的基督徒。他死後的儀式，也是在新教教堂舉行的。這些都是證明他是一個誠實的新教徒。

季特自從加入了合作運動和新教社會問題研究會，除了教授著作生活之外，即從事於實際活動。一方負擔宣傳任務，一方還參加組織工作。公元一八八九年乘萬國博覽會的機會，講合作主義在經濟上所擔任的改革工作。這篇演講不特得合作實行家的贊賞，就是所謂「完全的社會主義」的理論家如伯諾亞馬郎（Benoit Malon）也從這個連鎖主義的經濟學家的講演中找出了自己所主張的社會理論的一個最有力的理論家。

季特從此不惟成了世界聞名的合作主義理論家，成了連鎖主義學派的首領，而且因爲他的理論的敵人布樓雷（Ernst Brelay）嘲笑地稱他和德波亞佛爲合作主義中的「尼墨學派，」成了公認的尼墨學派的三首領之一。這個名詞在布樓雷是含有惡意的，季特他們却誠心接受，引爲無上的光榮。他在法蘭西學院的公元一九二五至一九二六年度的演講，且用了這個題目。在第一講中這樣說：「尼墨學派」法國就沒有多少城市能夠自豪曾經以牠的名字給與一個學派或任何一種制度。

季特本是一個理論家，而不是一個實行家。然而曾於公元一八八九年和德波亞佛在蒙伯利爾創立一個消費合作叫做"Prévoyance"經過多少困難，仍能維持到數年之久。他自己本也知道組織方面非其所長，所以在開始創辦時，雖以基約掬多郎時（Guillaume d'Orange）的格言「沒有東西是要有希望時才動手，也不要有成功始堅持」自慰，仍不免發出「我和我的友人既

欲使一種組織成功，失敗是定了的」的灰心語

公元一九〇〇年社會博物院（Musée social）創立人德張伯龍伯爵（Comte de Chambrun）于巴黎大學法學院設立社會經濟比較學講座，季特被任爲第一任教授。德張伯龍也是結社主義者（Associationniste），也是自由思想家，這一個講座可以說是德張伯龍專爲他而設立的。同年他兼任工程師大學（Ecole Nationale des Ponts et Chaussées）經濟學教授。他原來打算在巴黎只住兩三年，仍然回到他的故鄉去的，不料除了假期外，一留就是三十二年，直到他的末日。他固然不是想老於玉翠士的，惟是蒙伯利爾和玉翠士相距僅三十個基羅米突，能在蒙伯利爾，也就和在玉翠士一樣。但是他和他自己所說的一樣，給首都這一個吸水筒吸去後，又不停地不僅射在巴黎，而且射在各國的首都和大城市，使他不能回到他所愛的故鄉。每到假期，他才回到那裏住兩三個月。本來他不僅對於故鄉有一種傷感病，實有不少使他眷念的原因。我們前面說過，他是藝術家，一個藝術家怎能不愛可以和意大利的古代建築物齊名的羅馬時代的遺跡呢？「方屋」「曉鳴寺」、「賈爾橋」都是使他沉醉的美術品。那曾經給他和法布爾散步過的環城馬路，也是他的追憶的所在，因爲那條他和一個半世共艱辛的同志談論所共同崇拜的傅立葉的馬路，充滿了他的和他

的朋友的青年時的歡悅。還有他的摯友西紐(clande Gignoux)也是使他戀戀於故鄉之一原因，尤其是尼墨學派一名，使他對於故鄉保有無限的愛意。正是因爲這些理由，他的永遠安息地仍然是墨尼。誠然他所願永遠安息的地方，除墨尼外，還有他的長子在戰前所經營的摩洛哥的一角，他曾經贊美摩洛哥丹蘇的亞格答爾(Agdal)的花園，幷且很願意在摩洛哥教授經濟學，而於此終老。異國的引力終不及故鄉之愛和歷史的連繫，葬於尼墨他還得和他的一九三一年二月去世的夫人去完成在世之日所未能好好圓滿的愛情。

公元一九〇二年季特被聘爲巴黎學生合作飯館的會長和合作聯合的會長。學生合作飯館在他的維持之下，得以支持數年，窮苦學生受惠良多。

公元一九〇二年七月參加在英國舉行的國際合作大會時，季特因受與會英國以外各國代表的請求，於二十二日在羅時達先驅合作社舊址講演，對羅時達諸先驅表示他的敬意。他在這篇演講內盛稱這二十八位住在蝦蟆巷的工人，能夠創造一種最理想的而又最易實行的改造社會的制度，竟爲當時的大經濟學家和社會改良家所未夢想得到。這篇演講如今已成爲合作運動中國際的重要文獻。

國際合作聯盟自經他和他的老友德波亞佛提倡成立之後，他卽於一九〇三年被選爲中央執行委員會委員。也正是在這一年他印行了他的「消費合作」一書。

自公元一八九五年社會黨的合作社自組全國合作聯合，定名爲「社會主義者交易所」(Bourse socialiste)，以和尼墨學派的克理思定街(Rue Christine)的合作聯合抗衡以來，季特卽爲尼墨學派的辯護士，幷極力使對方的意見能消除，直至公元一九一二年，才達到合併的目的。在這十七年中，他的心血大部份是耗在這方面的。在這個時期內，一方因爲彼此的筆戰，一方因爲內部的需要，季特將尼墨學派的合作綱領——也就是後來法國全國消費合作聯合會的綱領——全盤規定了。

公元一九一二年季特因受了一位自由經濟學家的慫恿，向政治道德科學院（Académie des Sciences morales et politiques）提出自己爲候補人。因爲他的特性和對於自由經濟學派的關係，未得當選。他對於這種玩意兒本是不大看重的，這次落選，毫不灰心，從此不願再行把自己提爲候補人。惟是他雖在本國失敗，卻被意京羅馬，比京不魯捨和羅馬尼亞京城布答勒斯特的國家學院選爲會員。公元一九一三年比利時皇家學院授他以「拉維勒獎金」(Prix Laveleye)，這個獎金是每六年一次由國際委員會授與一個經濟學家的。季特在尼墨學派一書中，曾引耶穌的「沒有人在他的本鄉是預言家」以說明尼墨學派在法國不爲人所重視，却在外國聞名。我們認爲這句話重新一次可以在這裏用於季特身上。

大戰發生之後，他和德波亞佛所苦心經營的國際合作聯盟爲之破壞，給予了他精神上無限的打擊和痛苦。合作在戰爭期內雖因對於國內穀食的幫助得了一般人的信仰；仍不足以使他的這種痛苦減輕。加之他的長子死於疆場，使他一方對世界和平抱無限的悲觀，增加他的生就即是悲觀主義者的色彩。在他的長子赴戰之日，他曾說「在想到你們將爲一個奧國親王的被刺去互相屠殺，眞是令人難堪！」他在這個時期，更感到他的合作主義的重要和連鎖主義的眞理。他不因國際合作聯盟被破壞而對合作主義灰心，戰事一了，即從事復興運動；他不因長子之死，而和一般人一樣，變爲愛國主義者，對和平追求仍然努力不已，并把連鎖主義的精義發揮光大，使人類的將來，不再在壞的、自然的、黑暗的連鎖之下犧牲，而在好的、調整的、光明的連鎖之下求福幸，求進步。

公元一九一八以後，季特的老境雖到，然而精神矍鑠，有如少年，不絕爲合作而奮鬥。于身兼全國合作組織中央委員，合作高級委員和法國每年合作大會主席諸要職之外，仍以筆墨爲合作宣傳：或是理論，或是實際的經濟和組織等問題，無不絫他為之指導。他在七十以上的年齡，還到瑞士、俄國、波蘭、捷克、巴勒士丁、瑞典、奧國、德國參加各種合作大會，席不暇暖，不以爲倦。

公元一九二一年以年齡關係由巴黎大學法學院聘爲名譽教授。公元一九一九年法國全國消費合作聯合會大會議決在法蘭西學院以合作聯合會名義創定合作講座。季特既爲名譽教授，不再在法學院上課，聯合會即要求他擔任這個講座。爲合作服務，是他無上的快樂，以七十四歲的高壽，欣然接受。一連十年至公元一九三〇年才結束。他的最後一講，在他的本人的教授生活上，很有歷史的價値，玆照該年四月十二號的合作聯合會機關報法國合作者（Le Coopérateur de France）的記錄，迻譯如次：

「諸位先生，我今天來這裏結束本年的講授，同時結束我在法蘭西學院的課程。你們能夠有耐心一直跟我的課到底的，可以對人說你們聽了季特教授的最後一講。這當然沒有什麽了不起，然而一個經過半世紀的教職的最末一次，也并不是一件怎樣平凡的事。先在各大學，後在法蘭西學院，過了五十六年的教授生活，我相信還沒有一個教授能夠達到這種地步。這些講授所代表的課程爲數不少，我雖不欲去計算，惟是總可說較一千零一夜（即天方夜談）要多得多。

「這個課不再繼續下去；所以我在這裏也沒有繼續人。合作主義的教育從此要不再見於法蘭西學院的課程表上了，然而總算曾經在這學院的課程表上留過名字。而且我們得承認，合作教育的地位也本不在這裏。法蘭西學院旣不發給任何文憑，也不舉行任何考試，所以也不能吸引大學學生。來這裏的只是幾個外國學生，他們是沒有考文憑的存心，而抱有不爲個人的好意欲的。坐在這個講堂內的椅子上的，很多是來自重洋。而這些來自重洋的人當中，有把他們在這裏所聽的演講轉達到本國譯爲本國言語的人：他們中間且有兩個把這裏的兩本演講錄譯成中文。

「我多謝今天能夠出席的諸位，幷且多謝以往來這裏擴充我的班次有如今天來擴充我的班次的你們的那些人。

「我雖能教授至半世紀之久，然而我不能說我的聽者怎樣的擁擠。誠然的我每於選定我的講演的時日之時，留心不和有考試的功課的鐘點相衝突，使聽者不致因聽我的課而躭擱他的要預備去考試的功課，而來者都是有好意欲的聽者。

「或者我今天對於沒有大大地把門戶開放，稍有後悔之心。但這有什麼關係呢？講授的課程通常是易爲人忘記的。我想起當我還是學生的時代，我也在這裏跟拉布萊（Laboulaye）的課，那時他的教室正在隔壁他的反對第二帝政的反政府言論，爲巴黎人所非常歡迎；還有巴黎大學文學院的吉拉丹（Saint-Mare Girardin）的課，飼鋒的威權，是我平生所僅見。然而如今何所存在呢？還有什麽人記得拉布萊和吉拉丹呢？連他們的姓名也不和你們發生什麽關係。

「我的讀者較我的聽衆多得多了；而且是一個浩大的數目，約有數十萬人，各國言語都有。只要是——尤其是討論社會科學的書，——含有多少永久的眞理或和眞理一樣豐富的錯誤中的多少錯誤的書，都能自己流傳開去。

「卽使聽衆和讀者有一天要離之而他去，然而著作總是存在的；牠們能經久，因爲牠們是活着的，因爲他們是能再生殖的。所有這些社會科學的著作中，沒有第二種可以和我在這裏所講授的關于合作社的著作一樣地廣播和繁殖的。是則我很可以自慶能夠從我的少年時代起卽占定了合作的命運，而且能夠和這個命運聯在一起。

「但是合作社也和所有的制度一樣，不能自動的發展繁殖。已經存在的數千合作會社和每日新生的數百的合作社，其中沒有一個的產生和長成，不需要許多的善意和宣傳。使我覺得非常榮幸的，是在想起，幷且知道竟有好些有這種善意和從事這種組織之宣傳的人，都自己說是受了我在這裏的講演之影響。所以雖然這個課程不再有明天，也不是完全沒有回聲。「現在我所要感謝的是法國全國消費合作聯合會，因爲牠，我把我的教職延長到正常的年限以外，同時并感謝法蘭西學院接受我在此授課的盛意」。

在這篇講演內邊，我們可看出他對於自己的努力，已有相當的安慰，而意識到自己的成功和各國讀者對他的敬意。法國全國消費合作聯合會的秘書波亞倘（E. Poisson）是他所稱爲法國合作的推行者（Animateur）的，在介紹季特這一篇最末一次的講演會說道：這些在法蘭西學院所講的課，是季特著作中很重要的一部份，只要合作主義有一天變爲社會經濟制度的一般方式時，這些著作將世代相傳，也變爲合作主義的「聖經」，和羅時達諸先驅的宣言有同一的價值。季特以一尼默學派的首領，而得有這個由社會黨而來的合作實行家的這種評論，我們相信他一定更覺到莫大的安慰。

季特的晚年除在法蘭西學院教課外，還常常擔任各種學術團體和社會組織的演講。承他好意的通知，作者差不多每次都得參加。他在臨終之前，還在他的友人杜美格（Paul Doumergue）所創辦的社會服務實習學校講授合作。直到病勢很重，仍不願學生因他的病而缺課，函託郜德班色君爲之代理。

他晚年另有一件事被他看做一種娛樂，乃聯合會的執行委員會的常會。這會每每在上午十時舉行，會後在合作飯館聚餐，他是每次都到的。他在這一羣人中間方能看見自己所手創的事業的發展，又能得到門徒們熱烈的尊敬。他所不能在家庭找得的快樂，能夠在這裏找到他在這裏是一個大家庭的家長。作者很常被約參加這種聚餐，坐在他的右邊和都德班色的左邊：因爲他的左耳和都德的右耳都是重聽，每次加門（Camin）君來收聚餐費時，都是他爲我繳那十五方錢。

季特對中國人感情很濃厚，許多和他曾經有兩次以上來往的人，沒有不在他心目中站一個地位。公元一九三〇年巴黎有一部分中國同學組織連鎖主義研究會，該會託作者請他在成立日講演連鎖主義，他毫不猶疑地欣然承受。至於對作者個人，更有許多使我永遠不能忘記的盛情。

季特在去年法國全國消費合作聯合會年會演講時，曾經說及他將不能久于人世。他在講經濟恐慌與合作問題之前，這樣說：大總統的選舉任期不能長過七年。而我當大會的主席，已經老早超過這個期限！誠然這主席銜頭是以年齡而推定我的。惟是不久的將來，我會不再在這主席的「交椅」上。那時你們一定覺得缺少了什麼。你們中間會有一個人忽然叫起來：「真的，原來我們的老師季特已經不再和我們一塊兒在這裏了！」今年二月初我到聯合會去查一本書，哥塞兒君告訴我季特近日忽病，不能飲食，翌日我即到德剛街寓所去看他的病，他對我說，我的末日快到了：我已經不能吃東西，只能喝一點淡茶罷了。三天後我第二次去時，他取去一張照片，用了五分鐘以上的時間，在上面寫了：「最後紀念，一九三〇年二月查理季特」數字交給我。我很悲楚地收下這張相片，告辭回來。三月初第三次去時，已經不能再見他一面，僅由他的女兒接待，說是病勢加重，醫生囑不見客。到三月十二號晚上與世永訣。

二月十四日波亞尙君代表法國消費合作聯合會去看他的病，他已經不能談話，翌日他要他外孫女安內特（Annette）寫了下面一封答謝的信：

「親愛的合作者：

「這裏由我的外孫女來代我給你寫這封信。對于你最後一次的訪問，不能好好地招待，眞是抱歉。但是我那一天病的那麼樣沉重，每說一字，都要使我翻胃。

「請代謝諸同志的盛意。請轉告他們二十五年來在每一個執行委員會的月會和全國大會以及國際大會中和他們所經過的許多的時候，在我的生活中佔有一重要的地位，而且是我的孤寂的生活中唯一的消遣。

「我託哥塞兒監督我在法蘭西學院所講演的諸書的印行。因爲加門、庸格（Yung）和你自己（波亞尚）都是很忙的。

「葬儀將在墨尼舉行。德剛街旣不接待弔客，也不設備簽名簿。就是在尼墨，也不接受花圈、講演、代表團、唁函之類的東西。我當然不能禁止那自己認爲應當到那裏去一躺的人。但是我得說：對于不到那裏去的人，毫沒有不同的感想。我對于表面的友誼的表現，絕不看重」。

函末他親筆寫了下面幾個不知用了多少氣力才完成的字：

「別了，不要忘記得我太快了啊——Adieu, ne m'oublie z pas trop vite 查理季特」。

他是一個最不愛鋪張的人，尤其是對他自己。他病時不願意人家知道，所以連法國合作者週刊也不登他的病中消息。公元一九二六年在他致西紐的信中有這麽一句話：「明天是碩雷士的殯期。我深信假如他自己活着，一定拒絕這種大場面……」我還記得他在訪甘地記中，曾有過這樣的一段話：我素來不喜歡見大人物，要求見他們的太多了。而我之不見這班人，不僅是因爲他們的驕傲，卻是實在沒有可以和他們說的話。據都德君說，有一次他被一個貴族夫人請去宴會。在餐後的談話會中他一個人坐在客廳的一角，拿了一張時報（Le Temps）從首看到尾，一聲也不作。看完了這張當天的時報之後，他問：你們有昨天的時報沒有？他的性格的古癖和爲人的冷淡到了這種程度。所以初次見他的人，總覺得他是驕傲。實則他是在人家高談闊論之中，不願擾亂人家的興趣，也不願意取人家的歡心罷了。你和他來往一久，就知他是富于感情的人，只是注重內在生活，而厭惡表面的禮節。

他的自處甚爲節儉，無論到什麽地方去，總是坐電車和地道車，而且總是坐的第二等（因爲沒有第三等），就是第二等沒有坐位，仍是站着，不去坐頭等。這還只足以證明他的平民的生活，不能說他是因爲要節儉。他爲什麽雜誌寫文章和爲書本寫序言很常用一面已經寫過字的紙張。我們往往和朋友說笑：這樣的季特，眞是到處表現他是一個經濟學家。

他的能夠表現他的性格的故事多得很，這裏且只引用一二個他的敵人對他的評語來證明他的爲人。

前面提取過的布櫟雷會說：「在一個假如有十二種不同議論的集會中，只要季特在座，一定有第十三種議論出來，而且這種議論，常較其他的十二種議論更精采而有興趣」。這是眞的。打個比方，有一個和他辯論的說是許多工人永不願加入工會。他就很冷淡地答道：「那末你所說的這班工人可以說是已經加入了不組工會的工會」。

又譬如當謝桑（Cheysson）談到季特時也說：「季特是一個絕頂聰敏的人，他自己也很知道。他有他自己的傳達一種學理和思想的方法，而這種方法又是最令人拜倒的方法。」這位被尼墨人稱爲「黃鶯」（Rossignol）的季特，確是詞鋒尖利，能在人家以爲無可置辯中找出理由來。

他是合作的使徒，合作的理論家，合作的推動者不僅爲法國合作主義者所尊崇而且爲國際合作主義者所敬愛當公元一九二七年法國全國合作聯合會年會在尼墨舉行年會時，特爲他的八十生辰作了一個盛大的慶祝。法國合作聯合爲他請了一位藝術家製了「金書」（Livre d'or），分贈到會代表和全法國合作社的社員，以爲紀念。書背鐫以「消費合作季特著」數字。外國合作組織派到參加慶祝典體的，爲數甚夥。新近逝世的國際聯盟勞動局局長多瑪（Albert Thomas）曾在大會代表合作界致讚頌詞。他很知道在他生前是確確實實地被合作主義者誠心愛戴的，然而臨終之前，仍不免發出「不要忘記得我太快了」一句話。這或者是永訣時鼓勵後輩爲合作努力而說。合作主義者是不會忘記他的，我們有這裏的事實來向他擔保；不僅是他的造像由一位大雕刻家弗爾南丟波亞（Fernand-Dubois）鑄成，分設在法國中央合作組織的會議廳，而且聯合會給他辦過盛大的追悼會。歌魯利（Caudry）市的合作聯合會曾經把利尼街改爲季特街，阿易累爾羅斯（Hayé-les-Roses）市也把一條主要的街道改名爲季特路……

季特的著作生涯，爲時甚長。著作之富，實鮮有匹。他主持的報紙和雜誌，有社會基督主義雜誌，政治經濟雜誌，解放報，法國合作年鑑，國際合作研究雜誌等。他不但爲他所主辦的雜誌報章寫文字，而且常爲不出名的小雜誌和報章寫文字。而這些小出版物，每因他的一篇文章，而獲得廣大的讀者。他在蒙伯利爾的時候曾專備小册一本，把自一八六九年起所撰的短文按日登記，據這個登記所載的數目，共有三千三百四十二篇。但據都德君的約計，尙不止此數，總在五千篇以上。他在他自己所主編的出版物中，最愛解放報。可惜這報跟着他和我們永訣了。

我們這裏且把他的已出版的主要書籍開列于次：

宗教上的結社法（博士論文）（一八七二）

政治經濟原理（一八八三）（王建祖節譯，名季特經濟學）

傅立葉文選（附有長敍）（一八九〇）

協作（合作宣傳演講集，樓桐蓀譯）（一九〇〇）
社會進步的各種組織（何思源譯，廣州中山大學出版，譯後名已改）（一九〇三）
消費協社（樓桐蓀于能模譯）（一九〇五）
政治經濟講義（陶樂勤由英譯本節譯）（一九〇九）
經濟思想史（與黎士特合著）（一九〇九）
經濟學概要（李璜譯）（樓桐蓀譯本名經濟學原理）
大戰與法國經濟（與吳亞利教授合著）
改革貨銀制度的各種制度（一九二〇）
生活昂貴與合作（與部德班色合著）
合作先驅傳立集（徐日琨譯，世界書局出版）
農業合作（彭師勤譯，中國合作學社出版）
反生活昂貴（一九二五年）
拉丁民族各國的合作（一九二八）

外國的合作運動（樓桐蓀譯其中之英國合作運動，吳克剛譯其中之俄國合作運動）

尼墨學派（劉俟寰謝康甄肇權合譯，未出版）

合作主義綱領（彭師勤譯，由中華書局出版）

共產主義新村與合作社（一九二八——一九二九年）

合作與平價（一九二二年）

合作社中的利潤問題（一九二二——一九二三年）

生產合作會社（一九二三年）

合作與居住問題（一九二四年）

連鎖論（彭師勤譯）

公元一九二六年至一九三〇年在法蘭西學院的講演，除連鎖論外，均沒有刊行。在這些著作之外，有兩本從沒有用法文刊行過：一本是以波蘭文出版的連鎖主義，一本是以意大利文出版的明日的歐洲他在所有他的全般作品中，自己最喜歡的是經濟學概要，大家都認爲這是一本在文學上有很高價值的作品。

# 二

季特是一個多方面的學者，已如上述，所以要研究他的思想以及他在學術方面的地位，是一個很費時間和篇幅的重大工作。我們現在只把牠的關於經濟學的和合作主義的，以及連鎖主義的來檢討一下。

或者有人要說季特對于經濟學上的重大問題，沒有什麼新的貢獻，不能稱他爲法國近代的一個最大的經濟學家。但是要曉得一個實行家的、哲學家的、或學者的價值，不能專以他的思想和作品的本身去評定，而是應該看他在思潮的演進上發生了什麼影響，在社會上產生了什麼功效。由公元一八八〇年至一九三〇年的這半世間，以法文著書立說的經濟學者中，季特確是最聞名最有影響于社會的一個。

當季特在學術界和著作界以經濟學者聞名時，差不多——尤其是法國——所有的經濟學家，都謹遵古典主義的傳統思想，把經濟學看做一個陳述的科學，只在於把宇宙間的自然法則加以說明。他們集合在國家學院，政治經濟學會，和基約門印書館三個組織之下，不願再求向外發展，并且說經濟學不是在講台之上，而在國民的生計之中。

古典主義這種閉關自守的態度，到季特才提出反對。他主張把經濟學的門戶開放，使各派的意見，得以自由發表。公元一八七七年三月二十六日法國政府頒佈一個命令，規定大學法科應添設經濟學講座。這個「大學經濟學」在法國雖是初創，在德國却是久已有之。德國的大學經濟學，素為法國所排斥，說這是埃森納哈(Eisenach)的社會化的綱領所從出。季特絕不怕人攻擊，對此加以研究和介紹。到公元一八八七年，更糾合同志，組織經濟雜誌，公開給各派的經濟學者。在該誌發刊詞中，正式地把主張提出：「我們這個刊物和法國現有的經濟學雜誌，完全不同：他不是一個人的，也不是一學派的獨佔機關。無論那一派，都有發表意見的機會。而且我們相信將來經濟學定能因討論而日益昌明。」這個雜誌，四十五年間在季特領導之下，照着預定的綱領進行，所有歐美的大經濟學家，差不多都與這雜誌發生過關係，拿已經逝世的法國以外的大經濟學家言，有 Brentano, Schmoller, Laveleye, Cosa, Walras, Secretan, Wuarin, Rabbeno, Olozaga 等。

經濟雜誌的這種自由主義，比較古典學派的自由主義要誠懇得多，使這些以自由經濟學派見稱于世的人，自慚形穢，到了無法可想的時候，只有到處加季特以社會主義者的罪名，而尤其是樓羅亞波里留，當他談到社會主義時，總隱約地說到季特。其實季特何嘗是社會主義者。他的人道主義，宗教思想，心理價值論，消費者的傳統學說使他不能完全接受唯物史觀和階級鬥爭的理論。至多也只是接近十九世紀的理想社會主義，而有社會化的傾向罷了。所以吳亞利教授說，我們把他看做社會主義者，不如說他是一個古典派的經濟學家，是法國的 Stuart Mill，因爲他們兩人都是特別注重生產法則的科學解釋以及分配事實的相關性。

季特雖是也承認在個人意欲之上，有一種自然法則存在，然而較他們更進一步，以爲經濟學不應完全是自然科學，還得是一種「人的科學」，說是人類的慾望與需求的研究，較財富本身的研究，尤爲重要，不過要這種慾望與需求能夠創造物質的價值。并且認爲經濟學之旁，應有正義的地位，正義不可因「貨利」而被犧牲。他同時把奧國的心理價值學派介紹到法國，使法國經濟學界得知 Jevons, Menger, Gossen 諸人的理論，耳目爲之煥然一新。他的解釋 Menger 的際限價值的例證，傳誦至今，凡是學經濟的人，沒有一個不知道。他把「希冀（Désirabilité）」一字代替「效用」（Utilité）去解釋需要，尤其是他注意人性，認心理的動機爲個人和社會生活之基礎的明證。經濟學的目的，在他看來，不是抽象的人——經濟人（Homo oeconomicus），不是把各種內部器官和肌肉除去了的枯骨，不是失掉了熱情和情操的走肉，而是一個複雜的生物。不僅是爲他的利益而活動，并且爲他的信仰。而且就是利益也有很複雜的原子在，因爲利益不僅是金錢方面的利益，還有爲農人們所追求的休息，爲工人們所希冀的獨立，爲社會保險思想所從出的安全希望。個人的利益是由自私的進而至於行會的、職業的、階級的、國家的，終覺達到爲全人類的利益。

而且季特所最看重的是「社會的人」，從個人的不同的性格中找出可以名爲法則的「一致」與「永恆」，而潛心地分析其行動的經濟動機。他指出人類需要的基本點和持久性，他探討什麼是變動不居的和社會的要素。在這點上，他同時和德國的歷史學派與社會學派相接近，都是在人類實際行動中去觀察牠們的複雜性與相關性。再沒有比他的這一段話，更能夠表示他對於財富的利用之主觀論的：「物質與我人欲望能夠相符，不一定原於本性，還得看社會的習慣，風尚或信仰如何。眞的古物，經過千百年後，在某些國度內，仍因或補德性，被認爲含有無可比擬的價値。不少的藥用水和藥用產品，雖是治療的功效很難證實，還是有人到處搜羅。不再有人穿的衣服，不再有人唸的書，不再有人觀賞的畫幅，不再流通市面的貨幣：這些由欲望授以效用，而該效用又如欲望本身帶有暫時性易逝性的財富，眞是指不勝屈。這類死財設爲一古董家欲望——這是再強也沒

有的慾望——的對象，隨卽有一新生命，且價值較初時爲更昂貴」。（見經濟學原理）

季特的經濟思想，旣建基於心理的原素之上，所以在介紹了奧國學派於法國之後，很不猶疑地佔在心理的價值論的一邊，而和里加圖馬克思等的勞動價值說的主張處於對立的地位，他幷不是不懂得勞力和生產成本的重要，但是以爲只有需要是努力的眞正因子，從而是價值成立的第一個理由，以勞力代替效用——希望，在季特看來，是把手段和目的混淆不明，無論從邏輯方面言，抑或從實際方面言，都是消費者在那裏發號施令，只有消費，才是經濟行爲的發動力。

但是消費者——這經濟行爲中之理論上的目的物是否已經得到了牠在經濟中所應佔的地位呢？季特在協作一書中解說「近代的社會秩序，是爲生產而建立的，毫不顧及消費。或者竟可說是爲個人的利潤，絕不着眼於社會的需要。沒有人對於聯合的消費者所能有的力量曾經看淸楚。這種力量是不可抵抗的，尤其是當我們假定消費合作社能夠照着預定計劃不僅使工人階級加入，幷且全國一致連富者階級也包括在內……一到合作社可以把法國每年的生產全部購入之時，這種會社不消說在商業上成了絕對的盟主，卽在生產的工業中，亦莫不皆然。而且從此以後或收買或遺棄——至少是彊御——可以完全自由了，現經濟組織將因此完全改觀。今日的以生產和個人利益爲標準的情形，變爲以消費者和社會需要爲目的之狀態了。金字塔原先是頭尖在下，搖動不定，如今轉過了來，着地的是應該放在下面的座子，安爲泰山。生產要回到馴順地服從消費者的地步，不去執着市場的牛耳。這樣一來，生產只是照着命令工作，供給人們的需求如不出人的預料範圍，生產總是既不過多，又不過少。因而一切貨物充斥、生產過剩、經濟恐慌、工人失業的現象，都能予以防止。」這是合作主義的經濟學的理論，季特的消費合作論，正是從他的這種經濟思想出發。這個我們在下面還要講到，暫不細說。

在全國的經濟計劃上，消費者的組織，保證了需要與生產的吻合，以及公正而平衡的價值。但是還得不過分地保護民族工業，而創立一種爲季特所不直的保護政策。否則將是有系統地剝削本國的消費者，以利本國的生產者，而不是如保護主義所宣言的一樣，說保護稅是由外國的輸入者所繳納。然而這是不是讓人去亂用自由貿易，使一國國民與他國國民間的競爭，一如個人與個人間的競爭，受天然淘汰呢？季特的答覆是：「否！民族與民族間，也和個人與個人間一樣，既不應該和國家主義的保護政策一樣，創立一個互相衝突的關係，也不應該和自由貿易一樣創立一種互相競爭的關係，所應創立的，是合作關係。（見經濟學原理第二十六版三百五十三頁）「各在自己家裏」和「各爲自己本人」的保護主義，以及什麽都放任，以致發生無政府狀態的自由貿易，都是季特所最恨的。他以爲消費合作而有國際的結合，直接進行各種貨物的交易，以取得其本國的需要，則這個可怕的競爭可以消滅。

季特雖是主張人與人的結合，很看重社會人的活動，然而對於個人在經濟上的地位，仍予承認，并且以爲這是經濟行爲的目的和基礎。社會經濟學的目的，是在說明財富的分配與利用二者之原則和實施的，季特因爲研究這種科學，得以打定他的哲學的和社會政治思想的基礎。

他實是「新學派」（公元一八九〇年）的建立人，他的關於連鎖主義的演講，還在普通被認這主義的先驅布爾頓亞之前六年。而且不僅把連鎖主義看成實際上的經驗，還認爲是社會組織的原則。人的社會，在他看來，應是一種大的互助的社會。自然的連鎖性，可由各人的良知而增進。即使缺乏良知，也可以由法律的規定，強其將正義實現。公共的擔負應由大家分任，公共的利益，也歸大家享受。

他從連鎖主義出發，承認所有權，然而對于不能完成社會效用的所有權，却加以反對。對於由社會的改良所增加的所有權的價值，他和亨利喬治及孫中山先生一樣，主張不應爲私人所有，這裏可以看出他在理性之旁常有情操存在。正義與道德，是他的行動的指南針，也是他想加入到經濟學中去的重要原素。他曾經說大多數的經濟學家，無論把經濟學的範圍擴充到什麼地方，總不願把牠和倫理學間的界限破除，都認定一個是研究利益，一個是研究義務，前者是實利，後者是正義。季特則以爲這種區劃，理論上既可不必，事實也屬難能。再爲分類有如圖書館的一樣，把兩種科學的書放在兩個不同的架子上，那是可以的，然而在解釋社會事實時，不應專從一方面着手。研究近代經濟問題——常被稱爲社會問題——時，經濟學每不能予以解決，只有倫理學才能應付，原來經濟上的道德，卽是正義。

這個可以用兩個例證來加以說明。純粹經濟學主張合理的工資是由供給律和無限制的競爭制度來規定的。假如和講斤兩一樣，把「合理」與「正確」兩字混爲一談，那是可以說得通的。但是當經濟學研究合理的價格和合理的工資時，那能把真正的合於倫理意義的「正義」泯滅呢？凡爾賽條約的起草人，不是在四二七條高唱着不應該把勞動看作商品嗎？不是肯定地說過勞力的問題，不應完全用純經濟學的理論去解決嗎？

但是怎麼樣保特經濟生活中的正義呢？季特當然主張應用結社的方法，而且事實上已經證明道是一種有效的方法。惟是自由結社，在個人間創造一種連鎖的關係之時，自私主義常隨之而生。所以至少在這過渡時代，得有國家的干預。季特之不完全反對干預政策，意即在此。

總之，季特的經濟思想，是介於古典學派與馬克斯社會主義學派之間，而與前馬克思主義即理想社會主義頗爲接近。他的名字，可以放在經濟思想史上的結社派的社會主義者，基督社會主義者，連鎖主義者各章之中的。甚至我們可以把他和黎士特在經濟思想史的結論中所說的話稍爲變換一下，來形容他自己：我們研究他的思想，如同站在一柄開着的扇葉之前，每個扇骨代表經濟學中的一派，而他的思想，正是用手拿着的地方，把各派集在一塊。

★　　★　　★

我們現在來研究他的關於合作的思想，他對於合作學理，不自以創始者自稱，也和他不肯以連鎖主義的創始者自稱一樣。這都是他的自謙處。他的弟子拉維紐會從各方面，尤其是用季特自己的話，去證明合作——特別是消費合作主義原理的創始者，不是歐文和傅立葉，而是季特。譬如季特在經濟學原理二百七十九頁，雖說過從廢除利潤一點看來，合作會社的產生，確是歐文的功績，但是隨後他又說：「至於近代的有批發社的消費合作，不但不是受了歐文的影響，而且歐文因自己的主張關係，是絕對不願接受的」。再如他在合作先驅傅立葉一書中，於承認了傅氏的鄉村金庫（Comptoir Communal）之後，跟着有下面一段話：「傅立葉不惟沒有這種思想（退回長收的思想）即是有，也不會爲他所願意推行。原來傅立葉並不是利潤（資本家）的敵人，反把他的新村中所獲得的贏餘的百分之三十六分給出資的股東。」就是在他的再版的傅立葉文選的新序中也有這樣一句話：「合作主義是傅立葉的身體的女兒，然而却不能說她的靈魂也是他授予的。」所以從季特自己的前後文章中去論歐文和傅立葉仍不能說他們兩人是合作主義——近代的合作主義之創始人。

季特的最大功績，是使合作主義與自由經濟學派分家。本來直到一八八五年，消費合作社的目的非常之小，僅是替爲數不多的人謀得廉價的食物。旁的方式的合作社，其希望也只在爲便利農人和手工業者。這被自由經濟學派稱爲平民儲蓄的消費合作組織，到季特才完全改觀，而以社會的整個改造懸爲鵠的：工錢制度的消滅，私有財產的改良，生產的社會化。他的這種綱領，不管樓羅亞波里留，居約（Yves Guyot）潘達雷禾尼（Pantaleoni）等怎麼樣嘲笑那是「小孩子的叫囂，」或「田鷄想把肚子漲得牛的一樣大，」都不能阻止各國合作社對牠的信仰。自由學派對合作雖抱惡感，而季特却代表合作向他們致敬。他在說到合作主義與自由學派不同之點以前，曾講到兩者一致之處。他說古典經濟學派闡明自然律之存在，固爲合作主義者所景仰，尤其是自由貿易的主張，使生活費因國際關係之建立而減低，應受合作主義者的感激，所以他在合作主義綱領中說合作主義學派是自由學派的小妹，她接受了姊姊給她的經濟學上的享樂主義、自由主義、供給律和地租律等重要原則和法則。

不過他以爲合作主義與自由學派也有其無可否認的不同之點：「合作主義者不能承認有一種可以不必求其再行合理化的自然律與自然組織之存在。他們不相信供給律足以保證合理的物價，也不相信競爭——即是自由的競爭也好，能夠使利潤不超過法定率，也不相信各種壞過能夠自趨於平等。當合作者觀察世界時，常常發見衝突多於諧和，換句話說，就是爭鬬更較互助爲自然。所以他們相信醫治社會的方法，不能在競爭之中去尋求，而應在連鎖之內去覓取。」

他不惟在闡明合作主義與自由學派之分別上，建設了合作主義的原理，而且更進一步，給我們找出了合作主義的獨立性，使其可以自成一派。

社會主義至少可以分爲兩期：一是馬克思前的社會主義，即爲烏托邦的社會主義；一是馬克思後的社會主義。合作主義與前者都不是革命的，不欲把既存的私有資本沒收，只想創造一種新資本，等這新資本達到相當的數目，使已存的資本在所有者手中變爲無用之物。合作在這一點可以說是保存了公元一八四八年前法國社會主義的性質。

和馬克思前的社會主義者一樣，合作主義者以爲沒有一個社會能夠「不用合理的組織以糾正事物的本性，得以達到所希望的狀態。合作主義較上述的社會主義，更覺得只有結社的方式可以實現這種組織。」末了合作主義者與馬克思前社會主義者，同是主張以不分配贏餘於資本的方法，去改良所有權。所以季特跟着說是合作主義與前世紀的法國社會主義很相近，而且相近得使人要說前者是後者的最忠實的表現。

不過牠們也有不能一致之點，最重要的是馬克思前社會主義者有如所有的社會主義者，只從生產方面觀察人類，而合作主義則反是，以消費者爲出發點。

合作主義和馬克思主義的比較，也在使合作主義的原理更爲鮮明更能表現牠的獨立性。馬克思主義和合作主義都是有國際性質的，都是主張生產工具社會化的；至於其互異之點，是合作主義不能接受馬克思主義的階級鬬爭；馬克思主義排斥合作主義的個人主義的理想。

以合作主義爲標準，對各種主義作比較的研究，組成合作理論的基礎，季特算是第一個，而且只有他一個。

季特不單給予合作以理論，而且給予合作以發展的步驟。他說合作是用來改變經濟組織的制度，不應使正目的爲副目的所遮蔽。土地與消費者間的中間人，一日沒有消滅，仍當繼續努力。合作社的贏餘，應該積起來，以爲建設批發社之用的資本，俾能從事大批貨物之購入。這是第一步。

第二步是消費合作社一方面將積集的資本創辦麵包店、肉店、屠宰廠，以爲社員本身消費之用；他方面批發合作以其所得的贏餘，創辦製造廠，直接經營生產事業，以供給全國合作社各種日用物品，如衣、帽、鞋、襪、糖和朱古力等。

最後一步，是由批發社把直至此時仍在資本主義制度下的農業取來經營，生產一切工業的原料品。

從此合作者包括了勞動界的全體，無需大的社會變動，而能把土地和生產工具，取爲己有。在這種新的社會下，受益最大的工人階級，經過這三個階段之後，得到經濟的與管理的教育，能夠知道運行這新的經濟組織。不惟此也，資本主義下的商業廣告所引起的人造需要，有時令物價騰貴，有時使工人失業，也可以解決。這時生產既不太多，又不太少，恰好和消費的需要一致。

這正是他想像中的合作共和國。

然而這裏所分析的，只是關於消費合作一方面的，沒有說及牠的對於工人生產合作與農產合作的主張。

他既主張在合作共和國中，以消費者爲中心，生產合作只是消費合作的一種附帶組織，當然要取這種態度。然而在現狀之下，他還是十分注意農業合作社。我們且把他對於農業合作的意見，在這裏介紹一下。

前面已經說過，季特在規定合作的三個階級之時，以爲農業經營，應由消費合作辦理，而爲演進的最末階段。後來因爲事實的關係，覺得至少目下不能不從獨立的農業合作下手。原來消費合作社的社員，多是城市居民，對於農業全是外行。不過這不是說他們對於工業和商業都是里手，惟是可以雇用技師和工頭；然而農業却不能由技師和工頭去指揮。所以資本主義者在合股方式下所經營的農業企業，常致失敗。他如歐洲各國由封建制度所遺留下來的"Latifundia"也由不自耕耘者的手裏逐漸轉移了給實行種植的農人了。

另外一個問題，也是季特提出來的。他在農業合作一書中曾說：以消費合作去代替大的農地所有權者，是不是一個可以令人讚美的方法呢？這種農地上的工人和雇員，還是一種工錢勞動者，他們對於工作，不會較對自己的私人所有地更能用心，更能努力。

而且這位合作的使徒，是想把無產階級消滅的，即是說希望使大家能夠有接近土地的可能，使資本變成被雇傭者。這種思想當然引到重視農業合作的路上去。因爲這個原故，所以他主張在現勢之下，建設農業合作與消費合作間的諒解，俾得直接交易。公元一九二五年法國全國合作社聯合會在郎西（Nancy）開會之時，他會說：「我是久已認爲消費合作社是不能沒有農業合作社的幫助的」。

他當然懂得消費合作社和農業合作社間之實際困難的。生產者和消費者固然同意於把中間人的從中取利消滅，但是前者想拿來加以賣價之上，後者要於買入時少繳這數。他曾引了查理第七對他的堂兄弟所說的話來解釋這種情形：「我們的意見相同，因爲我們兩個人都要這個東西——米蘭地方」。生產者和消費者都要把利潤取爲己有。

然而不要忘記農人在法國消費者中佔百分之五十，有許多國度還超過這百分率，所以季特主張農人一致加入消費合作社，消費合作社員也加入農業合作社，而爲其中之一員。

現在我們要談一談他的關於生產合作的意見。因爲他雖是消費合作中心論的理論家，然而對於生產合作，仍和對農業合作一樣，非常關心，曾把公元一九二三年法蘭西學院的課程，專門討論生產合作社的問題。

但是我們得交代明白，這裏的所謂生產合作，是這個名字的古典的意義，即是說工業的工人的生產合作社，并沒有包括消費合作方面的合作的生產，也沒有包括農業的、業主的生產合作社。

他對於這種特別爲路易布郎所心愛的、公元一八四八年式的生產合作社的、從工錢制之廢除以及生產工具歸生產者所有的改造整個社會的企圖，在公元一八八九年的合作在經濟界中所能實現的社會改造一演講中以及公元一九二〇年對美國參戰青年所講的改革賃銀制度制的各種組織中已經加以懷疑，覺得歷史上的事實很明白地告訴了我們「此路不通」。

在工業合作的課程中，他更詳細地給我們把各國——尤其是發源地的法國的工業合作社逐一研究，說明牠們不能達到當初工業合作社的創造的理論家所懸的目標——廢除工錢制和生產工具歸生產者所有。

他用客觀的態度，給我們把生產合作社不能達到預懸的目標之原因指示了出來：

第一是自生產合作發生以來，數目的增加，非常遲緩，和消費合作社相較，眞不啻有天壤之別。

第二是這種合作社的「死亡率」非常之高，卽是生產合作社很不容易發展，雖有推行之可能。

第三是這種合作社規模都是很小，卽是說沒有成爲大規模的企業卽大工業之可能。這麼樣一點數目的小規模的生產組織，如何可以擔當改造整個社會的責任呢？

第四是這種合作社大都非純粹的合作組織，牠們裏面還有工錢工人，而且這種工錢工人較社員爲多，約估三分之二。這麼一種自己還不能沒有工錢工人的組織，如何可以把工錢制消滅，而使生產工具歸生產者所有呢？

第五是這種合作組織，幷沒有怎麼樣爲工人增加經濟上的收益。根據他的統計，四十年間，這種組織裏的工人工資，只增加實際工資的百分之六。從經濟的立場上去看，這麼樣的一種解放工人的運動，不免令人有點餒氣。

末了第六是這種組織的前途也很暗淡，牠們不絕地和消費合作運動發生衝突而且是一天一天地更趨於短兵相接的日子了。加之事實上每每爲消費合作運動所吸收，或變做批發合作社生產部門的附屬物。

季特雖是從事實方面看見這一些生產合作社所生的不可救藥的障礙，然而仍然覺得生產合作社有其存在的理由，存在的可能。他說：「至於我，却幷不和我們消費合作運動的同志那麽樣走極端。因爲即使三千八百萬法蘭西人都是消費合作社社員的那一天——而且離這天還遠得很——眞正到來，我不相信生產合作社就從此完結。

而且他覺得工業的、大規模的、廢除工錢制度的生產合作社的希望，雖然因事實的關係，很是有限，可是却能在別的方面有其特殊的功用。爲人就是可以用這種生產合作社去達到解放自己的目的的。還有知識階級，也可以用生產合作求得自己的生活之改善。廣義的生產合作如農業上的業主所組織的生產合作不消說了，而勞動的生產合作即意大利式的 "Cooperativa di Lavoro" 或 "Cooperativa di braccianti" 和法國式的 "Travail en Commandite" 更有無限的前途，而爲季特所醉心的組織，他覺得那是一個可以使現在的「勞動馬爾薩斯主義」即工人之有意的限制自己的勞動生產力的現象消滅，而使經濟組織一改舊觀。

總之，季特對於工業的生產合作社之所以抱悲觀，幷不是因生產合作完全沒有意義，只是爲牠的不克達到牠的創造的理論家所懸的目的，表示惋惜而已。生產合作社規模很小，社數有限，固是生產合作社的致命傷，但也不是一件怎麼樣可以悲觀的事，并且認爲那是一些美麗的小花園，在這種小花園中，我們可以常常摘取鮮妍的花朵，那「希望」的花朵，那特別使季特沈醉的「工人共和國」的，法國十九世紀社會思想的花朵，他說：這誠然是一個小小的花園，誠然不能什麼人都可以進去，然而裏面的花卉栽得好好地，照着法國式佈置得整整齊齊……裏邊的人都能和平相處，希望過客不要把石頭丟進去。

★　★　★

這裏我們還要更進一步，來說一說這創立連鎖主義的季特。

他的創立連鎖主義，不僅是給合作運動打定一個哲理的基礎，尤其是給人類立下一個新的宇宙觀，倫理觀。

他在歷史上給我們找出了一個這麼樣可寶貴的「事實」，復在科學中實證地給我們一一找去了證據。

我們在這裏不惟找出了一個社會學家，經濟學家，尤其可以找出一個倫理學家的季特的眞面孔來。

他在研究連鎖論的時候，也和在研究經濟學、社會學、合作經濟學的時候一樣，他的理論是一貫的，用這種理論，無論在經濟學的範疇也好，社會學的範疇也好，合作經濟學的範疇也好，都能爲我們好好地指出他的整個的理論的特質，這種他的獨有的特質，在在可以從他的所認爲偏激的社會主義和自由主義中跑出來自成一家，而爲人類思想的一個最有力的代表。

所以他在連鎖論中的成就，不僅是給連鎖論找出了一個正確的定義，使「連鎖」一詞不再和慈善、犧牲、責任、神意、愛……等等名字和其含義相混，并且還把好的連鎖和壞的連鎖的界線劃了出來，進而給我們一個糾正自然的連鎖以及防除壞的連鎖的方法，俾人類有所遵循，共同去求永恆的幸福，維持永恆的和平。

他還希望這種爲人類獲取永恆幸福維持永恆和平的好的連鎖，能夠一天一天擴大，不僅在國與國之間，洲與洲之間——即全人類之間散佈開去，而且能逐漸在人和其他動物之間建立起來。正義的範圍是一天一天地擴大了，正義的理想也在一天一天地充實，正義的擁護者又一天一天地增多了，定有一天，宇宙間的萬物會自然而然地很和諧地在一種好的連鎖關係下以生、以息、以育、以繁。

所以即使季特在經濟學上無多貢獻，在倫理學上的貢獻，已經可以使之不朽；即使在合作運動的實施原則上無所增益，合作運動的經濟的意義無所闡明，這爲合作立下一種理論的基礎之偉業，已經足以馨香萬世。

我們相信他所期望的那個沒有競爭，只有互助；沒有衝突，只有合作；沒有戰爭，只有和平；沒有強權，只有正義；沒有壓迫，只有自由；沒有惡行，只有道德的大同世界，假若人類不欲自求滅亡，而能覺悟，則大道在前，終有實現之一日。

種子已播了，責任在我們！

同志們，莫問收穫，只問耕耘！

彭師勤 南京

公元一九三六年九月略加刪增之稿

# 目次

# 第一章　連鎖觀念的甦生

## 一

有的字眼特別行時，人皆樂用；有的字眼則平庸無奇，只是意義上的記號。那些人皆樂用的行時字眼，每每好似中世紀煉丹術士用來驅鬼使神鎮妖伏魔的符籙，大有幻術上的意味。連鎖就是一種這樣的字眼。(註一)

在法國語中，連鎖是經過一個長久的湮沒無聞的潛伏時期的，這其中的歷史，我們隨後就要講到；及至前世紀之末，才突然抬起頭來，一變而爲大家的口頭禪，盛傳一時，到處都是牠的世界。前時一些聲嚴寶字的字眼如「自由」「人道」「博愛」「慈善」「正義」好像都給牠的聲響所窒息了。正如橘鐘：早上、正午、晚間，我們都可聽到。在政府人員的演說中，在各種集會的宴席上，「連鎖」是大家長篇大論的結句；說完了「連鎖」二字之後，演說的人祇有坐下去讓聽衆來喝采、拍掌。

但這不僅是一個能夠博人歡心的字眼，牠的實際作用，確乎駕而上之。「連鎖」已經成了一個礦山經濟學家、哲學家、倫理家都從此煉出整個的新哲學、新倫理學，以至於新美學；「製造」了許多書籍以及雜誌中無數的文章；眞好似一個取之不盡，用之不竭的寶藏。

到公元一九〇〇年舉行萬國博覽會之時，「連鎖」的勢力已無以復加地達到牠的最高點了。我們可以說這個博覽會就是應「連鎖」之要求而產生。

當博覽會開幕的時候，法國大總統盧伯（Loubet）會說：我們這個博覽會的公共的大發動力是「連鎖的情操。」商業部長米叶蘭（Millerand）君很有韻律的重申前說道：科學給人類宣示出來的、社會之物質的道德的偉大祕密，全包括于「連鎖」二字中。

我們把那時名人歌頌「連鎖」的字句搜集起來，簡直可以編成一本專著。法蘭西學院有兩個最聞名的大師，也曾談起過「連鎖。」一個是雷南（Renan），他說：國家全體是一個大的「連鎖」；一個是著名的化學家柏爾特羅（Berthelot），他說：人類于深切地了解了宇宙的眞理，以及其本身之精神的物質的構造之後，對于人類命運有了一種新的認識，那是祇有承認各階級各國家間的普遍的「連鎖」。

在公元一九〇〇年社會教育年會中，巴黎大學文學院（Sorbonne）史學教授賽蕘坡士（Seignobos）說：歷史只是「連鎖」的研究。居約（Guyou）用了一種頗爲隱晦，應該加以注釋的話說道：「眞理」是在一切事物之「連鎖」中的。（註三）在別的地方又說「美」只是「連鎖」情操之最優美的姿態。（註三）我不預備繼續着去引用人家的句子，但得還來一次：這時期一些很受人歡迎的平民大學的創辦人德黑爾姆（George Deherme）曾寫道：（註四）我們對于連鎖也應有雞晋殉道者對基督的熱誠。是則「真」「善」「美」「祖國」「平民教育」萬流朝宗，都歸結到「連鎖」。

但是這個字被大家通用了之後，也就和在「膨脹」之下的貨幣同一命運，市價低落，漸且一錢不值。確也用得太濫了！令人聽了頭痛，不得不說：「這種俗不堪耐的話，保留你自己受用能！」

而且不要以爲這只是一點小小的反感，不會有什麽堅強的抵抗力。我們在下面就可以說到連鎖所受的批評是如何地苛刻。

然則連鎖學派的生命，眞就從此完結了嗎？假如眞的完結了，而目下又沒有整個地蘇甦起來的情景，那末我們也就不會拿來作題目，寫成這本書。

最可注意的是「連鎖學說」直至現在——這是要指明的一件事實——差不多完全是法國的；而「連鎖」這個字眼，却是國際的了。傳授連鎖的地方是法國，不大爲他國所唱導。可是三月前日內瓦國際經濟會議開會時，大會主席比人靄尼斯（Theunis）君之爲連鎖請命，正和二十七年前的國際博覽會開幕時的情景一樣，用了一種眞正的頌聖歌贊美連鎖。（註五）國會中在討論裁軍問題和一切當前的大問題時，我們不斷地從新聽到人們重複的唸着這個字眼。（註六）

那末「連鎖」的意義到底怎麼樣呢？

給牠下一個定義，是有迫切的需要的，因爲大家隨時隨地都用到牠，甚至用于毫不相關的地方。但是我們是否對于今日所流行的意義表示滿意呢？

每當兩個人，兩個體，兩種運動在動此卽觸彼的那種關係中，而且牠們如若同爲某整體之一部，其一部之變遷，可以影響全局時，我們可以說：這些人，這些體，這些運動都是連鎖的。在科學的言語中，有的人用那意義相同的「互相依賴」(Inter-dépendance) 來代表而且更能顯示出牠的含義。

這個事物間的或人與人間的互相依賴的意義，不是新的，無論那個時代的人都很懂得；我們且不必追溯到失樂園，和全人類因他們的母親夏娃 (Eve) 之罪而得罪的、那一類的連鎖上去，已經可以在古代 (第五世紀) 亞格里拔 (Menenius Ag-ippa) 對那些叛變的平民所講的寓言中找到連鎖的註脚；在聖保羅使徒的尺牘中，用了一種更適當的字眼表示出來了。

「社會機體」(Corps social) 已成了一個通用的名詞一個論壇的焦點；但是沒有人想到從內邊提取一種學說、一種哲理。那末爲什麼在前世紀的最後幾十年中，突然成了一個口號呢？說起來原因很多，經濟的和社會的進化以及科學的發明等都是。人與人交通方法之驚人的發展，就是一個事實上的例證。連鎖理想的到臨之所以差不多和電話發明同一時代，而且正在無線電報，無線電話和無線透視 (Télévision) 發明之較前，並不是偶然的事情。報紙本是連鎖的強而有力的機構，受了這種交通工具之賜，更有一個超乎人類想像以上的進展。在報紙出版前幾分鐘的最後一個消息，在今日可以同時爲全人類所讀到：無論是一個飛行家飛過太平洋，一個船的沉沒，一個火災的發生，甚至比此還小的事，如國際的角力或網球的比賽，全球人類于同一秒鐘間，顫動在一種憐憫、恐怖或歡樂的情緒中。

是則這種交通的方法，已發生了使全人類都是鄰人的結果。這所謂鄰人，或者沒有聖經上所說的「你愛你的鄰人，如愛你自己」的那種意義，只是從表面的意義下所形成的一種關係，一種竟可稱爲「彼此接觸」的關係，一種至少由電流所發生的關係。住在窮鄉僻壤，或留在自己書齋的人，一樣地可以聽到遠處的音樂廣告和講演；譬如我們在法蘭西學院講台上教書，要跟課的人也可坐在家裏，不必來到講堂。

當人們乘火車旅行時，會看見鐵道兩傍排立着的成千成萬的電線，會想到每根電線，都是兩個人、兩個城、兩個國的交通樞紐。這種人與人接近的事實，是前此所夢想不到的。

單是「接近」，當然不能創出我剛才所說的那有互相依賴一義的「連鎖」。層疊在一塊的，不一定是互相依賴。海岸的砂粒，是層疊着的，但是牠們中間沒有連鎖。因爲我們把牠們分開來之後，與未分開之前，無論從全體言，抑或從各分子本身言，都不發生什麼影響，什麼變化。至于這種互相依賴的關係，有時是有意這樣預先安排好的，譬如機器內的各種機件，是最好的「機械連鎖」

的例子，莫過於錶：只要有一個輪盤不走，錶的作用就失掉了。汽車也是一樣，只要有一個機件——最不關重要的機件也好——壞了，這個汽車隨即不能行駛

宇宙間還可以找得一些更偉大的例子：星球間也有連鎖存在。不管這種連鎖是創造者預先的安排，抑或是「自然力」的結果，一個行星的行程有了變動就會即刻影響其他各星的行程。樓勿利爾（Le Verrier）看見已知的各行星的行程有了紊亂，乃斷定必有一個不可見的行星存在，因而發現海王星，正是應用這個天文律的結果。

在化學上原素與原素的接合創造一些從此而生的化學的、電氣的力量。

對於人類也是一樣。

人類彼此接近之物質的事實，由積極方面觀察，創造了所謂人類對其同類的影響；由消極方面觀察，創造了人類給其同類的模倣。影響有時且成爲一種暗示。達爾德（Tarde）說拿破崙的天才，祇是一種暗示和催眠人們的能力。不僅居住相鄰者因接近愈多，影響與模倣之事實愈多，即社會地位相同的人亦然。這種影響與模倣在日常生活中叫「時尙」在智識界稱「學派。」

一個女人——男人也是一樣——對於一身衣服怎樣地不得不隨「時尙」爲轉移，以及要

想從時尚下解放出來，而不致爲人所訕笑，是怎樣地困難，已是人所共知，用不到什麼說明。這不僅是一種互相的依賴，簡直是一種互相的役使。可是這裏的役使，雖是相互的，然而雙方的地位却並不平等。一小部份人把時尚與了出來，全個社會只有跟着跑的份兒。一位大文學家創造了浪漫主義或象徵主義，其徒靡然風從。

因爲交通的便利，一種時裝或是一本新書只消幾天就傳遍了全球。巴黎一件短女袍的新式樣，不是不用多少日子就風行到澳洲了嗎？而且這個人與人接近的事實，不僅在我們上面所說的、那個可愛的方式下，卽連鎖的方式下表現出來，近且在一種病源傳染的、可咒咀的方式下表現出來了，目下沒有一個人不懂得這是一個嚴重的問題。

大家都知道有的病是能傳染的。鼠疫的傳染，是家喻戶曉的了；據說癩是不會傳染的，可是在先也有人疑惑過，總之，無論如何，大家對於傳染的這個事實，已無疑地看做了一個宇宙律人類彼此在疾病與死亡上有一種互相爲命的關係存在，是有目共見的。巴斯特（Pasteur）曾經指出大部份的疾病——將來可以說凡是疾病——都是你給我，我給你。在這種處所，我們簡直可以稱巴斯特爲連鎖學派的一個大師。

在天方夜譚中有一篇故事，講一個亞拉伯的商人怎樣在沙漠中吃海棗，怎樣把棗核由肩上向背後拋去，打着了空間的一個不可見的居民，以致受傷而死；怎樣這個不謹愼的亞拉伯的商人，爲受害者的父親——一國之王——處以死刑。這雖是一篇小說，然而這一類的事實正多着。一個收拾房間的女僕，把一個肺癆病者、天花病者或咽喉炎病者床下的地氈，提到窗口外拍去塵埃時，也犯了同樣的罪。據說肺癆者，每咳一下嗽，講一句話，甚至於笑一聲，就有成千整萬的肺癆菌被噴出來。而這些肺癆菌，只要一個就能夠使運道不好的人傷命。聽說有一個穩婆，常有在新生的小孩子口中吹一口氣的習慣，爲他這樣而受肺癆病的小孩達十二人。傳聞英國一個皇家的小孩，因爲穿了一個家裏有患着猩紅熱病的小孩的裁縫所做的衣而夭折。

我剛才說連鎖之產生，恰和電話之發明針鋒相對。我們現在也可以說連鎖學說之產生，和黴菌之發見與黴菌學之誕生，同在一個時期。

這個第二種方式下的連鎖，不是在於使之發展，反應設法使之消滅！消毒防毒這一類目下已爲人所共知的名詞，其所代表的，正是此種用以截斷在病理的連鎖下所存在的、人與人間之交通的方法。

有一個社會學派，便是取了我們剛才所談到的那個「社會機體」一名字而創立的。這個學派，正想力闢衆議，說明這幷不是一個幻想，一種暗喻，一篇和亞格里拔所講述的相同的寓言，而是一種眞理。即是同一國家，同一社會的人民，其彼此間相互的關係，正如生物機體各器官間之關係，甚至於同一器官中各細胞之關係一樣。大家稱這個學派叫「有機學派。」牠把「人類社會」加以解剖，幷且恰好從中找得了人體所有的一切器官。我上面所說的那些電線被認爲就是社會體各器官互通消息的神經；火車的雙線一來一去，正如人類身體上的循環器官，動脈之旁，復有一條靜脈將血液引到心臟。交易所是社會的心臟。因蓄儲所積集下來的資本，乃康健時全體所保存下來以備荒年之需的脂肪。大腦即是國會。警察是負消滅侵害身體的病原菌之職的食菌細胞。

尤其是「連鎖，」乃生命的表徵。當連鎖停止時，連結各細胞的力量亦隨之消滅，每個細胞從此各自爲政，分立在一種散漫無組織的狀態之下。那是最後的解體，亦即是死亡。

這個社會學的理論，是由一個德國人謝傅兒(Schaeffle)在他的一本很著名的書「社會機體之組成」中第一次發表出來的。斯賓塞在他的社會學原理中接着更把這個學說加以發揮。後來窩姆斯(René E. Worms)的主張也和他們一致。

至於反對有機學派主張的論據，也是值得注意的事，我們在這裏來附帶說明一下。世人之所以終不相信這種學理，甚至於以爲此不外一種近於喜劇的幻想者，原因就在這裏。反對者的說素，是以爲活的有機體和人類社會或國家間，總會不致於沒有這麼一種分別的：那是無論交通怎樣方便，甚且人們得以時相接觸，一城一國的居民，即使有遠近的程度上之差別，仍是彼此分離；至於同一體中的各器官，各細胞所組織的却是一個體，而體之本身，即已含有「整個」「不能分離」的意義。總之，有生物是連續的體，而社會則是不相連續的體。這種分別把牠們的界線劃得非常明白。

可是根據物理學家新近的發現，這種批評，已經不能成立。

一個因爲這種發現而得諾貝爾獎金的巴黎大學文理學院的教授貝蘭(Perrin)君已經指明所有一切的體，不論是活的與否，都是不連續的組織。一體的各原子是彼此分離的，牠們中間的距離，如以容積之大小爲測定的標準，實較一城中一國內各居民間的距離，大到不可以道里計了，竟可以和天空中各星球間彼此的距離相提並論！所以表面上似乎存在的那種連續的體與非連續的體之間的分別，已經沒有了。無論那類的體，均不外是一些彼此有別而又互相推動的原素之集體。牠們的「一致，」完全是使之打成一片的「連鎖」所發出來的作用。

可是在有機論的主張還沒有因原子論者的發現而加強其論據的力量時，連鎖主義學說所憑藉的這種理論，已被棄置不用。連鎖主義誠然是以有機論爲牠的理論的基礎的，其不能離此而獨立的原因，我們在下面可以看到。

一個新學說的發生，一個新學派的創立，不是有事實的根據即已足，還得合於某種需要，至少是像「連鎖」這一類很快卽推行於全社會，且能征服政治家、倫理家、經濟學家的學說，是有一種「需要」爲其背景的。

學說之爲物，是可以長久地存在於胚胎狀態之下的，非至適宜的時節，不會有開花結果之一日，「連鎖」學說正是在這種情形下完成的。

人們在不知道有連鎖之前久已向着這方面探索。連鎖主義者很可以用聖保羅對雅典的希臘人所說的話對新時代的人們說：「你們爲沒見過的上帝建了祭台，那末現在我就給你們來介紹。」

新起的，研究政治經濟學的人，對於君臨百餘年，而勢不稍衰的自由學派的教育，久已厭倦。自從我們自己從事於經濟學之硏究的前世紀的末葉起，再沒有人相信自由競爭有什麼好處。無論個人間或國際間的「經濟自由」，大家都認為不足以解决由競爭所引起的一切問題，也不能和有的人所宣傳的一樣，可以醫治競爭所引起的一切病症。自由學派的一個頂有名的代表樓羅亞波里留(Paul Leroy-Beaulieu)在法蘭西學院教書時，極言經濟律可以不假外力而使勞動階級的境遇改善，使財富的分配平均，使利潤降低，工業增高但是這種樂觀主義，已由事實推翻了。

復次，新進的經濟學家是不贊成社會主義，而尤其是當時排擠其他一切社會主義的馬克思社會主義的。他們雖不否認馬克思主義的辯證法之威權，和其分析資本主義之演進的功績，可是總反對用「沒收所有權」當目的，「階級爭鬥」當工具。對於馬克思主義的，把一切價值、一切財富看成只是某一種量的「結晶勞動」的說法，也不贊成。

他們對於經濟科學的見地既是如此，則他們的漸漸趨向於心理方面的新經濟方法，自不能和「唯物主義」相容。

如是這些新進的經濟學家眼巴巴等待一種既不是自由學派的經濟學，也不是馬克思派的社會主義的東西之到臨。連鎖主義正是開在兩者之間的一條頂可愛的道路。

連鎖主義不是古典經濟學者的自由主義，不是競爭，因為「連鎖」一名所表示的，正與此相反。

他又沒有「自求多福」的傲慢態度，而是「你們彼此互相幫功」。

連鎖主義也不是馬克思主義者的「階級鬥爭」，而正是反對他們的這個。因爲恰與我們剛才所說，「連鎖」是使每個個人不論在好的方面，抑或在壞的方面，都彼此互相依賴。

倫理學家正和經濟學家一樣，在期待着一個新的東西。他們預備創立一種通俗的倫理，一種無須乎上帝的倫理要辦到使個人不因爲有一種高高在上的權威命令着他們，或生前死後的什麼裁判在等待他們，而能爲他人犧牲自己的利益，不是如人們所想像的那樣容易。

這裏又是「連鎖」來一現身手，他用事實指明人類不能依照小說中所常見的，這種驕傲自私的方式，「盡量圖個人的享受」去生活。並且告訴我們，那是不可能的，每個人都得分受同類的幸與不幸，而且因社會的進化，這種互相關係的比例，亦隨之而擴大。

我們剛才已經說過，要使個人爲他人而犧牲自己的利益，不是容易的事。那末怎樣才可以辦到呢？「連鎖」的答覆是：因爲他人的利益也就是你自己的利益。老早大家就宣傳着合理的個人利益，和全體利益是一而二，二而一的，但是未能說明其中的原因。「連鎖」又來把這個擔子負起了。

於是這個原理隨即被取爲倫理的基礎。二十年來所有一切爲中小兩級學校所編的倫理教科書，差不多完全以「連鎖」爲主題。

還有就是政治上的人物，也在期待着什麽！急進社會黨直到現在幾乎是還佔政治集會中大多數的政黨，卽無時不想找一點新的東西以刷新一下牠的政綱。「自由」，「博愛」，「平等」三個公元一七八九年法國大革命時的口號，已略嫌陳舊；在牠的公共集會的演講中又是筭「連鎖」去作一個新的號召。

最好不過的，是還可以從「連鎖」中，找到一種旣可以使一個政黨在右邊和保守黨人有別，在左邊又可以和社會主義異趣的東西。

急進社會黨是不主張廢除私人所有權的，牠主張維持「個性，」但是復承認私人所有權很應該是爲保護國民的利益，工人階級的利益而存在。而「連鎖」所給牠帶來的又正是這個，因爲「連鎖」所倡導的，據急進社會黨那時的領袖雷項布領亞（Léon Bourgeois）的說素，是凡人於出世之時，卽對社會負有一種債務，而這種債務，是由「生下來就佔優勢的人」繳給「生下來就一無所有之人」的。「連鎖」很快地在急進社會黨的政綱中到處表現，原因就在這裏。

末了，連鎖學派之所以能夠逐漸擴大，還有一個由反對方面而來的原因，值得我們在這裏提出，那是基督教的神學，聖保羅的這種很有力量的句子，久已爲人所注意。他說：「我們大家是同體的四肢。」然而這還不過人類的互相友愛之一種有力的肯定而已，但是當他加上「爲一人的受罰」而萬民同科，正如因一人的正直，而全人類得救。……大家因亞當而死，正如大家因耶穌而復生。（註七）則連鎖之精義，已表現無餘，而爲前此所未經見。造成基督教思想的奧蘊之教義，是在於凡已生之人或將生之人都無止期地負上了亞當一個人所種下的罪孽，而又能取得另一個人，那「世無其雙」的「天人」之功績，以脫離苦海，這「罪」與「赦」的一雙教義，這人種之起源與命運的偉大而悲慘的解釋，從理性方面言本是那樣地悖乎常情，從倫理方面言又是那樣的違背正義，然而在科學所承認的事實上竟能找出憑據，并且確是「連鎖」關係達到極度的表現。（註八）

# 二

我在本書開始的時候，談到過「連鎖」學說於烜赫一時之後，就暗淡了下來；歐戰雖曾使之蘇甦一度，也只是回光反照，儘可以說牠的末日已經到臨。這是什麼緣故呢？那是很容易了解的：因爲大戰給「連鎖」學說確已帶來了不少的詮釋！

開始就表現了于「連鎖」被實行的方式之本身上。當我的兒子出發前線的那天，我曾對他說：「想到你們因奧國親王爲人暗害，要去互相廝殺，確也有點令人難堪。」他眞一去不返，恰和八百萬別的人一樣，將鮮血供了這可怖的「連鎖」戰事一發，就是「連鎖，」俄羅斯對塞爾維亞；跟着是法國對俄羅斯；又來一個德國對奧大利；再加上紛至沓來的十八個國家，競相投入戰爭的漩渦，因爲不管所持理由正確與否，總以爲不是這裏，就是那裏，都存有一種他們本身之利益的「連鎖」。歷史上從未有過那樣悲慘，那樣廣泛的「國際連鎖，」能像這次世界大戰所表現着的一樣，加之這種「連鎖，」不僅在戰事的初期有之，而且繼續地在牠的整個的進展中顯示着。這個只要看那種引起雙方戰爭的一個的重要原素——互相封鎖所生的結果，就可以明白。

什麼是封鎖，還不就是以截斷那個欲令之屈服的國度和國外的「連鎖」爲目的嗎？大戰已經告訴我們，只要把一國的這個向外的國際的「連鎖」破壞了，便可以使其發生饑饉的恐慌。德意志，奧大利以及布爾札維克革命之後的俄羅斯都是受過了協約國軍艦封鎖之可怕的痛苦的。封鎖所害死的人，老老幼幼，較大砲還多。

至于在純粹的軍事行動中，協約國怎樣因共同的危險，迫而選出一個統轄各國軍隊的唯一首領，以建立友軍間一個更緊密的「連鎖，」已是人所共知，似乎用不着我們再去提牠。

那是國際的「連鎖，」國民的「連鎖」也是一樣，法國公元一九一五年十月二十二日的法令正是表示這種「連鎖」的一個再好也沒有的例子。這個「連鎖」的內容如何呢？

「法蘭西共和國宣告全國人民一致平等，大戰中一切負擔，國民同有「連鎖」責任；因戰爭而損失之個人的動產與不動產，均有要求全部賠償之權。」

那又是令法國人所肯定的「連鎖」。

無論因什麼國難去向國會請求撥款，向人民發起勸募，確是總不免有國民的「連鎖」之義在。以往的尤其是公元一八七〇年的戰爭，已經很明白地承認賠償受害者的損失，而且國家對被犧牲者賠償之義務的原則也確定了；不過沒有見諸實行而已，至於全般的賠償，當然還談不到。

國會在討論這種議案時，確是不曉得一答應下來，擔子就會那樣的沈重。假如當日真的知道這個全國的「連鎖」的結果，要拿去九百萬佛郎！國會或者不致於毫無猶疑地通過了。通貨膨脹就是經濟「連鎖」的一個驚人的例證，全國人民同時都受了法郎跌價的影響，不過有幸與不幸之分而已一方面是出售人和販賣商的致富，他方面是債權者和食息戶的破產。

大戰把「連鎖」在悲劇的面目下表現出來，大戰之後，這「連鎖」也就隨之打得粉碎了。頑性勒(Jouvenel)君在他的新近的一篇文章中，用了一種很有力量的話，反詰凡爾賽和約的諸全權代表以及各國的外交家道：「你們拿了歐洲的連鎖曾經做出了什麼來？」

事實上這種在大戰之後雖似還殘存着的「連鎖」，已經到處撞壁，算是完結了。

第一是給新的關稅壁壘破壞了。連由一國分裂爲二而成的奧大利和匈牙利一起算來，大戰後新建的國家共有九個，大戰前全歐約有二十來國，如今已近三十國了。這些國家爲得保障牠們的政治的獨立和經濟的獨立，這就是說爲得那個正是互相依賴的「連鎖」的反面，其第一個顧慮，就是用各種各樣的壁壘把自己圍起來。專就關稅壁壘的長度而論，較之大戰之前，全歐洲已經多出了八千基羅米突。

不僅是關稅壁壘而已，還有貨物的禁止出口，即是一國想把貨物留爲己用，不願運給鄰國。甚至于某種從前可以絕對自由出口的插有翼膀的東西——資本，也是大戰後被禁止的。(註八)當然不容易防制牠的外逸，但是由這國流到那國，也只好在暗中進行。出國旅行的人，常于入境之時，受到可笑的盤問，身上帶了多少錢都得說出來。

大戰之前，是有許多國際的集團的貨幣的國際集團，已經不再存在了。往日拉丁民族的集團，包含了五個國家，現在完了。佛郎在過去的歐洲，是有十一二個兄弟的：意大利的「里拉」(Iire)瑞士的佛郎，比利時的佛郎，芬蘭的佛郎，羅馬尼亞的「鏤」(Leu)，保加利亞的「鏤瓦」(Leva)，西班牙的「白舍它」(Peseta)等現在大家都不通譜；大的家庭是分散了，每個新的單位，都有一個不同的價值，約合當日的金佛郎的三生丁到二十七生丁，只有瑞士的佛郎還保有原來的價值，可說是舊日佛郎制度下的殘餘。

另外一個在戰前存在的「連鎖」，是通商條約，特別是那叫做「最惠國條約」的通商條約。一國和他國訂約，因這種條約，得承認把將來別的國家對她所享有的一切優待權利授與對方。這使不到多少時候，自然而然地形成一個關係網，漸漸地擴大起來，把各國都連接在一塊了。現在也完了，沒有人再願意締結這種最惠國條約了。

我們還看見過更出乎意料之外更令人厭惡的事情，那就是禁止人的自由移動。沒有政府的准許，我們再也不能由此國到彼國！政府只要拒絕簽發護照——而且常是這樣辦的——我們就不能出國門一步。

特別是在意大利，自從法繫革命以來從前被認爲是犯罪行爲的那種強迫人民留在家裏的辦法，如今除了特別的准許外，全意大利人都要遵守。這個可愛的國土，已經變成了一個廣大的監獄。政府不願讓她的人民到外國去製造財富。（註十）

布爾札維克的俄羅斯，也差不多和意大利一樣。法國何嘗又有什麼分別：我就看見過不少的法國人因爲旅行目的不爲政府所歡喜，政治意見很受嫌疑，而被政府拒絕簽發護照。

就是那些不加以絕對禁止的國家，對于外國人也表示一個從前所沒有的疑懼。瑞典對于一個剛踏上她的國土的人就發給一張印滿了二十來個問題的紙：你來這裏有什麼事情？有沒有什麼預定的目標？是不是和人家締結了什麼契約？你打算在這裏留多久？

大戰之前美國和澳洲已經禁止黃種人入口。現在美國把這種禁止入口擴充了，不僅是黃種人受排擠，凡是一切被她稱爲「不合意的人」（Indésirables）都在拒絕之列。這些不合意的人中，也有法國人；准許入口的人數是非常有限，這種限止是以法國移民人數爲比例，而根據以製定這比例的，不是現在的移民人數，却是二十年前的。

閱者讀到這裏，定會說，這種「連鎖」還有什麼存在呢？這簡直是一個破產的宣告了。

不知正是在這個時候，歐洲有一種反對國際的「連鎖」之消退的意識起來了。國際經濟會議的主席之主張恢復歐洲的「連鎖，」是我在上面已經引用過了的，他的說話，恰是爲得表現這種意識。

造成凡爾賽和約的各全權代表和外交家，本是很可以把歐洲的「連鎖」提出來，至少也可以提出經濟的「連鎖」的。這是一個唯一的機會，他們竟讓她失之交臂，到今日才再有人向這方面努力。

各國在日內瓦費盡了氣力，想實現軍事的和經濟的兩重的武裝之解除。關于軍事的武裝之解除——卽所謂軍縮，法國代表說是假如列強間沒有預先建立一種有效的「連鎖，」以爲彼此的保障，是永遠無從實現，那是很有道理的。

關于經濟的武裝之解除，假如不以關稅聯合的形式在各國間建立一種「連鎖，」也就無從實現。

我剛才已經指明使大戰爆發的，是「連鎖，」現在我又要說「連鎖」是可以使歐洲臻于統一。這兩個相反的肯定，是毫沒有矛盾的。「連鎖」本身無論對于好的事情抑或對于壞的事情，都不是一種因子，而是兩者都可以利用「連鎖。」在互相仇恨，此爭彼奪的歐洲，「連鎖」即是戰爭；在受了經驗的好的教訓的歐洲，「連鎖」就成了和平。

國際聯盟在日內瓦做些什麽事情呢？森林中塔頂上的看守者或警報人的任務，在于預防火災，而且一見微光，即傳警報。國際聯盟也是一樣，當牠看見或近或遠，或在巴爾幹半島或在中華民國，一有絲絲的輕烟從餘燼內裊裊向上，或是星星的微火在大空中閃爍欲燃，就得即刻設法用腳踏上去，以免大家同遭其殃。

(註一)不久以來，還可以把「合理化」(Rationalisation)一詞加進去。

(註二)La Morale sans obligation. Chap. II §2.

(註三)L' Art au point de vue sociologique, Chap. I.

(註四)La Revue la Coopération des Idées(16 juin 1900)

(註五)這裏就是牠的原文：「政治的行動和經濟的行動乃連鎖的這一句話，是值得我們每日唸着千遍不厭的。我剛才所說的「連鎖」一字是我們大家所常用的，在這個集會中，更有牠的特別的價值。『連鎖』同時是國際聯盟的本質和對象，還是已完成的努力之注腳和正追求的目標之證明。我們中間每個爲一切有關全國家和全人民的大問題去找解決方法的人——各種學者，經濟學家，政府當局，實業家，各階級各國家的勞動者——在某些片刻，常在一種同樣的微光即『連鎖』中得到了解。有的時候，這種微光僅能約略地辨別出來，常易爲『曚昧無知』的暗夜所籠罩，戰爭的濃煙所隱蔽。有的時候，牠又擴大顯明，其燦爛無可比擬的光輝，使人目爲之眩。無論在一國之內抑或在國際之間，無論在政治界抑或在經濟界——在經濟界或者尤其顯而易見——利益之互相依賴，是一種事實，無從否認，無從反抗，我們反應拿來利用，並且使之就範。

這正是本會所欲努力的工作。」

（註六）我引用人家的話，已經不少，這裏再照「千中揀一」的辦法舉出兩個來。我之所以選定這兩個，爲得牠們都是差不多可以代表官廳方面的意見。

一段是法國國務總理樸恩開委（Poincaré）說的。公元一九二八年六月七日他在衆議院的演說道：

「這是一些有法則而繼續不斷的進步，在使社會中各種不同的階級能夠接近，聯合，一致而不致分離衝突。並且絕不應用暴力，很有把握地預備一個頂好的社會之來臨。在這個社會中，每個成員對集體的義務應是個人權利的補充品。在這個社會中的『連鎖』應不僅是一個以新奇自炫的名字，而且是一種活動的，豐富的不朽的眞理。」

另外一段是西班牙國王亞爾房斯第十三說的。公元一九二八年六月他在卑雷勒山橫貫鐵路（Chemin

de fer transpyrenén）通車開幕典禮時的演說道：

「我們兩國是宇宙意識所安排的法則之守護士，這種法則是和平之建設，法律上的平等，權利的尊重和人類的連鎖。」

（註七）Epitre aux Romains V. 18.

Epître aux Corinthiens

Epître I, Chap. XV, 23.

（註八）洛桑（Lausanne）的塞克累丹（Secrétan）教授說：耶穌基督所帶來福音的那種宗教的神秘，耶穌基督的功績能為信徒贖罪的這種說法，只是一種物質的神秘方式，只是由個體的有機結合所實現的「種族一體」之抽象的表白。(Civilisation et Oroyance P. 442.)

（註九）法國已于公元一九二八年五月二十五日頒布一個取銷還俗禁令的法令。

（註十）移民如欲得政府批准，允其出國，應承認于五年之內歸來并將產兒交出為質。

# 第二章　連鎖一詞的歷史和意義

現在應該跟着來研究「連鎖」一詞之歷史、來源和意義。

## 第一節　連鎖論派文獻一瞥

把我們下面不能不引用的各書之著者與出版的時期，一一列出來，確是一件令人討厭的事情，但是爲一般願意研究這種問題的人着想，又不得不這樣辦。

「連鎖」的事實，雖如我們前章所述，已是古已有之，可是這個名詞却是發生得不久。公元一八〇四年才由民法的編纂人第一次把「連鎖」一詞輸入到法國語言中來。讀者或不免要有點詫異，因爲定不相信民法能夠使法國語言更加豐富；但是書倒眞的寫得不壞，法科的學生不去看重牠，然而一位有名的政論家保羅路易谷利耳（Paul-Louis Courier）却曾經說過，每天早晨應該讀一頁民法，使我們的文章有一種明晰而正確的文體。我們可以在這部法典的債編第一千一百九十七條至一千二百一十六條中找着債權者間和債務者間的各種不同的情況下之「連鎖」的列舉。(註一)

民法的編纂人誠然是從羅馬的法學家那裏學來的。但是羅馬法學家，幷不說"Solidarité"，而說人們是被安排于"in Solidum"中：「債權人可以"in Solidum"去行動，各人爲全體；債務人可以"in Solidum"去行動，一人爲全體。」

我們從此可以看見「連鎖」已在債權、債務兩種形式之下出現了，每個人都因他人的便利而收帳，每個人都應該爲他人的債務而還錢。

這樣一來，似乎語言的演化之結果，法文中應該寫成"Solidité"了，事實上法國舊時的法學家用羅馬字作根據所製出來的，正是"Solidité"一詞。

但是民法的編纂人却喜歡用那個後來風行一時的"Solidarité"一詞。

三十五年中，這個字安安穩穩地匿在法學的專門字彙中，沒有出過牠的門限一步。

到了公元一八三九年，機會到了，給法國的社會主義者彼得·樓爾盧(Pierre Lerroux)從黑暗中抓了出來。樓爾盧的著作，現在已經被人完全忘記了，然而在當時却頗有勢力。喬治桑（George Sand）就很顯然地是他的信徒，曾經在好幾本小說中很忠實地把樓爾盧的理想複製出來，就是喬治桑自己也毫不加以掩飾。

樓爾盧在一本題爲"La Grève de Samarez"的書上寫着這麼一段：

「我是把『連鎖』（Solidarité）一詞借來，而用之于哲學——即我之所謂未來的宗教——之中的第一人。我想把基督主義的『慈善』（Charité）用人類的『連鎖』來代替。」

樓爾盧在社會主義史中沒有留下一個怎麼大的痕跡，却很幸運地是兩個各自都有非常的成功之詞的生身之父。因爲第一個用「社會主義」（Socialisme）一詞，以和「個人主義」一詞作對的那種光榮，也是他老人家的。

「社會主義」一詞是不是他的親生兒子，還有人要懷疑；但是「連鎖」一詞，在新的意義上即是說在社會和哲學方面的意義上言，他們的父子關係，確是無從否認。

樓爾盧在生前已經親眼看見「社會主義」一詞的普遍通用，「連鎖」一字則否。這個詞的普遍的通用要後得多了，假如當他在世之日，「連鎖」一詞也和「社會主義」一詞一樣，普遍地爲社會所採用，那他更有權以此自豪現在「連鎖」一詞不僅在法國語言中的地位已經確定而且樓爾盧所欲取銷的「慈善」一詞，事實上眞被「連鎖」所代替。他已經完全勝利了，今日的一切公共集會中，只要有人提出「慈善」一詞，就會引起聽衆的抗議。我下面還要談到這兩個詞的奇怪的決鬥。

可是樓爾盧只創造了「連鎖」一詞，而沒有創造一個「連鎖」的學說：他只把她看成一件對抗教會主義的軍器。「連鎖」之能成爲一種學說，是再經過了一個相當的時間的。

由公元一八三九年到一八四二年法蘭西的也可以說是全世界的一個頂大的哲學家孔德(Auguste Comte)的書出來了。孔德是哲學上的所謂實證論（Positvisme）的創始人。他在他那四本哲學講義(Cours de Philosophie)中，好些次談到「連鎖。」

他的講義中有許多可以引用的文章，這裏是實證精神講話(Discours sur l' Esprit positif)內的最能表示其特性的一段：

「新哲學從許多方面把各時代各地方所存在的社會『連鎖』之親密情操，有意地使成爲家常的東西：使從個人到全體的關係顯示出來。」

在另外一塊地方他說：「連鎖的意義是在人與人間都彼此了解于他們的關係是互相負責。」（註二）

這樣看來，連鎖是在賡繼不斷的各世代間，與同時代各人間的一種互相依賴之偉大的情況下表現出來。

孔德在他的哲學講義中屢次談到這個理想，并且用了一種驕傲的態度很天真地——然而却又已被證實了——給予自己的理論一種這樣的推崇：「眞是重要而且道地現代式的理想。」（第四章第二百九十三頁）

他把這個理想特別應用于時間的「連鎖」方式下，這就是說應用于將各繼承的世代接合在一起的「連鎖」方式下。

他曾經把這個意思很顯明地在一句大家都唸着而且幾乎變爲公認的眞理的名言中，表白出來：「一天一天地活人漸爲死人統治着。」

在一八四八年革命將到的時候傅立葉派（Ecole de Fourier）也把「連鎖」一詞佔用了。他的一個信徒爾雷諾（Renault）出版了一本叫做連鎖（La Solidarité）的書，不過除了書名以

外內容不見有什麽談到「連鎖」的地方。（註三）

經濟學者巴士幾亞（Bastiat）在他的一八四九年出版的名著經濟的諧和（Harmonies Economiques）中說「一個社會是一個互相交錯的連鎖總體，」他為「連鎖」且專立一章，不過這一章的內容很是混雜，在一個以行文暢達著名的經濟學家的筆下有這種的結果，不免令人詫異。然而最有意義的，是在這裏已經可找着對于「連鎖」所提出批評，甚或對其所表示的某種疑惱。他雖承認這是一種社會的事實但却很引起他的反感。原來巴士幾亞是代表個人經濟學的，在個人經濟學者的眼光中，進步是在于反抗一切依賴性，俾從那個正以「連鎖」為基礎的、集體的、整個的責任心中，把個人的責任心發揮出來。

由公元一八四八到一八八〇年連鎖主義重新回到了牠的黑暗時期，但是過此牠又能邁步前進，令人不易把牠的行程上的各時期一一指示出來。

一八八〇年馬利昂（Marion）印行了一本叫做心理學上的道德連鎖（Solidarité morale, Essai de Psychologie）的書。有如他的書名所示的一樣，所討論的只是道德的「連鎖，」而不是從經濟的社會的觀點立論。

到了公元一八八九年，一個在日內瓦創立的社會科學研究會(Société d' Etudes Saciales)曾經請了四位演講員分任陳述當時的主要經濟思潮之責。

那時的頂頂大名的腓特烈巴喜(Fredric Passy)講自由經濟學；另外一個不大著名的斯提格來(Stiegler)講社會主義學說；第三位是留下了一些好著作以示後世的克羅爵霞勒(Claudio Jannet)講的是樓浦勒(Le Play)的基督學說；第四個是我自己講的是那所謂「新學派」的綱領，因爲當時這學派還沒有定名，所以稱牠爲「連鎖學派。」(註四)

這四篇演講編在一起，印成了一本叫做社會經濟四學派（Quatre Ecoles d' Economie Sociale）的書（一八九〇年）。許久已來，這本書就沒有法子可以在市面上找到了。

再遲一點，到了公元一八九三年，一個法國的哲學家，一個社會學的大師，涂爾幹教授，在他的那本著名的社會分工論(Division du Travail)中，把「連鎖」在一種簇新的觀點下表白出來。

他的主張下面還有機會談到，我們以爲可以用一兩句話來概括：只要人類是類似的，并且從事同一的工作，他們中間定有奮鬥、競爭、衝突，但是一到他們因分工的事實而專門化時，則以各人所走的路不同，再不致彼此衝突，反不得不把大家的行動整齊起來，這樣一來，爲生活的競爭與奮門，被消滅了，而代之以不同的專業的調整，這正是「連鎖。」

到公元一八九五年，一個政界聞人當時急進黨的首領、幷在和平主義的歷史上留有芳名的雷項・布爾頓亞（Léon Bourgeois），曾在非諾（Finot）君所主辦的"Revue"雜誌上逐期發表一些關于「連鎖」的論文，公元一八九六年他把這些論文編纂起來，刊行一本小書：連鎖（La Solidarité）。

「連鎖」在這本書內，以一種新面目表現出來；那是用來造成社會主義的基礎的。不過這所謂社會主義不是馬克思的或革命的社會主義，而是德國人所說的"Socialisme de la Chaire"或法國人所說的國家社會主義（Socialisme d'Etat）。

他的理論，（我們下面將從長討論）是每個人在出世之時已是過去社會的債務人，每個人單獨地或是集體地成了他們的先人的債務人，他們應該把這種債務償還給他們的同時代的人和後代的人。

趁了公元一九〇〇年萬國博覽會的機會，開了一個社會教育會議，由這個會議產生了一個社會教育協會（Association d'Education Sociale），目的正爲在「連鎖」的基礎上，組織法國的社會教育。但是這個會不久就消滅了。

到了十九世紀的末葉，關于「連鎖」的專著和論文，眞是汗牛充棟，有的是宗教的性質，有的是非宗教的性質，我這裏不能一一列舉，只提起一下巴黎大學文學院教授、現任國立師範大學副校長的布格雷(Bouglé)君，他在公元一八九七年曾刊行一本把「連鎖」學說作通俗的概述的書。

至于「連鎖」在萬國博覽會中所站的地位如何，我在前面已經說過，不用再贅了。

公元一九〇二和一九〇三年度，社會科學高等學校(Ecole des Hautes-Etudes Sociales)組織了兩個特別演講會，講稿也分編爲兩書，同在"Alcan"書局出版，第一册叫做連鎖哲學論叢(Essai d'une Philosophie de la Solidarité)，內容是經濟學家和政論家的八篇演講；第二册叫做連鎖之社會的應用(Applications Sociales de la Solidarité)，內容也是八篇，演講者是各種不同的著作家，布爾碩亞在這兩册中都有好幾篇演講。

到公元一九〇四年，國立研究院(Institut)、政治道德科學院(Académie des Sciences Morales et Politiques)爲這種將危害幷沈沒古典經濟學派的連鎖主義的高潮所波及，曾用了好些個星期六的研究員的集會去討論連鎖學說，這種討論的結果，印成了一本專書（公元一九〇七年）題爲連鎖（La Solidarité）。

還得再加一句，那是社會學國際學院（Institut International de Sociologie）于公元一九一〇年在牠的每一二年舉行一次的大會中（那年的開會地點是伯爾勒——Berne），也拿了「連鎖」做會員的論文題目，大會的報告印爲兩巨册，有如該會所出的叢書。

現在我不再往下敍述了，因爲至此已經到了我在前章所說起過的那個時期，那是連鎖學派盛極而衰，停止了牠的前進的時期，直到大戰給予牠一種新生活之日，這個時期才算完結。

## 第二節　連鎖一詞的意義

我們從這種紀年式的和傳記式的敍述中，對于連鎖一詞，可以找出一種怎樣的意義來呢？根據上面各人的說法，連鎖在這種種絕不相同的方式下表現出來，是很不容易找出一個單純的意義，一個確切的定義的；但是我們不妨試試看。

我們個人認爲最使這種探討工作愈形棘手的事情，是連鎖有明暗的兩面，卽幸中的連鎖和不幸中的連鎖。

「連鎖」的定義實在不少，而且簡直可以說太多了，這許多定義中的一大部份，不是欠正確，就是太模糊，都是要不得的。

譬如連鎖一詞很常被看成弱者的保護，或是含有犧牲的意義。每逢爲天災人禍或單是爲一切公共的事業，要大家發點慈悲的時候，都是用的這種意義，但是這樣一來，連鎖只成了慈善一詞的非宗教的變名，毫無科學的價值。

假如去翻一翻李特雷（Littré）大字典，我們可以找出一個比較正確的定義。他先給了一個法律方面的意義，說那是「人類彼此間以及個人對全體不得不爾的一種契約，」跟着又說：「通常都是指兩人以上彼此間所成立的相互責任而言。」

由這種定義以及我前面所引用的孔德的、巴士幾亞的和其他可以引用的定義所表現出來的連鎖，是責任問題。人類對于他人的過失與不幸，根據我們的正義原則，本是可以不去理牠，然而在連鎖的意義下，却應該負責。

無疑的，凡是法律上的連鎖即是債務責任的連鎖，都是已經預先爲兩方所承認；這裏的責任雖是契約的，然而常是強制的結果，無法可以逃避。

連鎖的第一種方式是遺傳，在連鎖一詞還沒有創造之前，老早就已爲人所公認。人類在誕生之時已是多少總帶來了他父親所具有的疾病和惡習——亞當的罪過且不去提牠。這種事實，是大家已稔知了的，用不着我們再來說明。酗酒、疾病、貧苦，都有牠的遺傳。我們下面還要談到這種可怕的而爲古代的許多悲劇之材料的連鎖，卽是近代的悲劇如易卜生的還魂（中譯名羣鬼），正描寫着一位母親怎樣恐懼地看見自己的兒子，一絲不差地承繼了酒肉狂的父親的一切。

這種集體的責任之在大戰時由勝利者應用于一個城市的全體人民身上，我們就不知已經觸目驚心地看過多少次；因爲一個兵士被殺或是有人開了一槍，不是全城的人民卽在集體責任的方式下爲人所殲屠，就是把對此毫無所知的那留以爲質的人拿來償命。我們不必過于爲此激怒，因爲在我們的殖民地很常于一個森林遭焚之時，把責任加在隣村的居民身上，或是強令其賠償，或是沒收其土地。

在經濟方面，無時沒有這種集體的責任表現出來。一國一有經濟恐慌，他國卽受其影響，各種公司卽紛紛隨之倒閉。

一個交易所發生紊亂，其他各國的交易所卽被波及。這幾日柏林交易所的債劵跌價，巴黎交易所的債劵持有者也大受損失。

在財政的範疇內，賦稅責任更是集體責任的典型！每一個法國人要拿他的收入之一大部份繳納國債的利息和官吏的俸金。這是一種很合法的債務，沒有異議；然而這是一種最易令人感覺得到的集體連鎖的方式。

至于在國際政治中，這種集體責任又何嘗是不存在呢！

爲什麼這裏人們對于布爾札維克主義和法西斯主義那樣地害怕？因爲人們知道每一國都有和他的隣國受到同樣的遭遇之可能。

但是爲什麼又只在這方面去觀察連鎖呢？牠是另有一面可愛的臉孔的。不是也有一種幸中的連鎖嗎？假如眞的每個人不管怎樣都要擔負別人的過錯所生的影響，不會也有機會得到雖是自己毫無功績而爲別人所獲着的幸福嗎？

那是當然有的。好的連鎖，（何嘗沒有好的連鎖）在父親和兒子間存在：父母康健壽長，兒女也康健壽長，正如他們對于疾病的一樣。壽長的可以遺傳，那是很常被人證實了的事。

這種好的連鎖也在同時代的人們中存在。正如有許多人是道德的和身體的病毒之養成所一樣，也有許多人爲光明，溫熱，慈善，力量的製造地，在他們的周圍或遠處放射着光芒。

假如有作惡的細菌，以傳染而散佈疾病，要知也有好的細菌爲我們恢復康健，而且人們以種痘的方法使之繁殖。

假如經濟學給了我們許多使人傾家蕩產的連鎖的例證，要知道牠也給了我們不少的可以稱幸的連鎖的事實，這其中有一個是我們常常談到的，那是使每個人能夠享受同類成千整萬的工作之益的分工事實。

國民之間也是一樣。正如我們剛才所談到的、那種一國人民能夠因前代的過失而被殲滅的可悲的連鎖，也常能發見有一種當代的人民獲得已成歷史的人民所行的善果的連鎖存在。

當美國軍隊跑來幫助法國和聯軍（法國和聯軍的勝利當歸功于美國軍隊）的時候，是一種什麼力量在那裏推動的呢？我們想起美國統軍在拉發耶特（Lafayette）的墓前所說的一句有名的話來了：「拉發耶特，我們在這裏！」這是拉發耶特再生，把美國參戰團帶來了。我剛才說過還魂這裏又是一個「還魂」一不過這個「還魂」一不和易卜生所寫的那個還魂一樣，所帶來的，不

**是死亡，而是解救。**

**是則有一種幸的連鎖之存在，已無可置疑。**

那末我們現在可以得到一個這樣的定義說，每當一個人、一個國家，苦于一害或獲得一幸，同時能及于第二者，而第二者對此又實毫未參與活動之時，中間就有一種連鎖。

但是我們很以爲憾的，是不能不承認幸中的連鎖和不幸中的連鎖比較起來，幸中的連鎖沒有那麼顯明那麼確鑿。

譬如假使我們回溯到連鎖學說出發點的這種法律的連鎖上去，應該指明債權者方面的連鎖卽關于獲得別的債權者所能收到之利益的那種連鎖，已經在法律範疇中消滅了，再也沒有人談起，從沒有人在攷試中向學生問那債權者間的連鎖，所問的只是債務者間的連鎖罷了。

假如我們回溯到伊甸花園的基督教義上去，應該相信連鎖是可以在幸中存在的，譬如假使夏娃拒絕了惡魔的那個蘋果，而沒有做那種悲劇的行動，則我們大家今日還沉醉在極樂的歡天喜地中。這就成了幸中的連鎖，而不致于擔負罪罰的連鎖……這或者是可能的，但是事實上不是如此。

同樣在經濟方面這種幸中的連鎖也只佔得一個很小的地位。無疑地那是有分工之例在的，可是牠的好處仍然常是用了很高的代價才得到；還有保險和一般的結社。但是當經濟學家們說勞資之間有一種幸運的連鎖在時，說資本的增加乃勞動者的利益，因爲資本愈多則利息愈低，從而留下來給勞動者的數目也愈大，且愈易使之接近所有權時，在學理上面，那是無疑的，但是在事實上面，我們雖是看見不少的資本家由父而子財產一天一天地增多，却從沒有看見他們的勞動者漸漸富有。人們確曾試行過工人分紅制和英人所稱的那種成功的分紅制（Prosperity Sharing），這正是好運氣中的連鎖——可是這兩者中沒有一種能夠得到令人滿意的成效。

在國際的關係中也是一樣。無論經濟學家怎樣向我們肯定地說一國的國富增加，能夠使其隣國的國富增加，即是每逢一國致富，其隣國也多少要發財，然而我們總覺得沒有一國願意相信這個，并且恰恰相反，對于其隣國的經濟勢力之膨脹，都是取的一種防衛的態度有如對付隣國軍備勢力的增加一樣。

是則這其中有一種謎樣的東西，要我們來解答。我們應該考察一下爲什麽幸中的連鎖，不能在世界上和不幸的連鎖佔一個同等的地位，這種現象，在我們是認爲很不公道的。

然而從純粹的經濟的觀點着眼，假如人們相信好的運氣和壞的運氣大都是受了集體的所因之影響，那末就沒有理由可以使連鎖不在這兩種情形下一樣地發生。

我覺得這可以有兩種解釋。

第一，這或者是幸的連鎖，只有一種不大顯明的外形。人類對于壞的事情較之對于好的總容易感到，前者常不能逃避人們的視綫，而後者却常被認做事理的當然。所以農家對于壞的年成每至喟然嘆息，對于好的年成却不引以爲慮。是則幸的連鎖不會和人們所想像的那麽樣少，也就是很可能的事了。

第二，是在不幸的連鎖中，慈悲甚且在暗中進行。慈悲認爲救濟被害者是沒有被害的人的責任，然而對于一個新近致富的人却不用命令的態度要他把財產平分與別的一些沒有同一機會的人。

所以說每個人應該分負別人的不幸的主張，即算不是被人們很熱心的接受，至少大都沒有人起來反對，至于正式地說每個人應該享受別人所新致的富貴，必遭物議，甚或被人家看成這是一種最下賤的癡念。

（註一）總之，我們能說這是這個字第一次在名詞的形式下發現于法國語中，在先雖已有人用過，然而只是形容詞寫成 "Solidaire"，或是副詞寫成 "Solidairement"，根據李特雷（Littré）字典的解釋，在十八世紀的好幾個著作家的文字中，已經可以找到這個形容詞和這個副詞，並且于在公元一七〇七年的時候，波亞吉貝北爾（Boiguillebert）不僅用過，而且好好地下了一個定義：「字典不能達到一切（職業）的某一特別部份和其他的各部份是連鎖的，有如人體的某一肢體雖有少許不適，即能及其他肢體等等。」見波亞吉貝北爾的 "Le Factum de France", Chap. V (1707。)

（註二）Traité de Politique; 11, P. 336

（註三）我們在另外一個不大聞名的傅立葉派白拉林(Pellarin) 的一本書中可以找到比較詳細的討論：「連鎖即自然律，他也成了社會關係的法則！這是傅立葉所證實的，這是他為在我們地球上去實現全人類的幸福所貢獻出來的方法。個人間的連鎖，階級間的連鎖，人民間的連鎖，以至于大地上世代相傳間的連鎖，這就是一個大法則。」見白拉林著 "La Phalange" no. 8. avril 1842(Cité par Flach, préface du livre d' Avarez sur la Codification du Droit civil。)

（註四）這裡是從桑末那個演講所節錄下來的一段：

「在那三個講壇上的大潮流——古典學派即自由學派，社會學派即干涉學派，保守學派即權力學派——的

特性確定了之後我如說道，

「假如你們要我也來把這個新學派照上面的辦法用一個名字來表示，那我就叫牠連鎖學派（Ecole de la Solidarité）。是的，由牠的從社會之歷史的發達中以研究社會并且把今日的現象和幾時的現象以及當代的人和先代的人連結在一塊的那種方法看；——由牠的以改良吾人生活其中的環境去改良人類的那種實際行動看；——由牠的將國家的干預看做把生活于同一社會中的人們的不可見而又是實有其事的那種顯見的表調看——牠確是連鎖學派。

「連鎖不是自由平等以至于博愛這一類的響亮名詞，或純粹理想，而是一種事實一種由科學與歷史所好好地造成的事實。」

# 第三章　連鎖的面面觀

——強制的連鎖

連鎖一詞的來源和歷史，我們已經知道了；現在我們要從牠的各種形態下來加以考察。原來這些形態爲數旣多，而又各自不同。由那將被罰作苦工的人一對一對地羈在一起的鎖鏈所表示的道地的奴役，直至那刊在合作互助社的印刷品上之手握手的象徵所表示的完全的自由，都是連鎖的不同的形態。

在這兩個極端之間，我可以舉出一打以上連鎖之繼續的形態。我們現在很簡略地由海底的動物羣說到國際聯盟，把這些各種不同的階段指明出來。

## 第一節　有機的連鎖

連鎖之最完全的階段，是有機的連鎖。物質體的各分子以一種那末樣堅強的力量好好地結合了，使我們無從把牠們分開，但這是不是眞正的連鎖呢？不是的，這是一種親和力。只有在有生體上才可以應用連鎖一詞。

一個「有生」體是由各種器官組成的，如若要想進一步的說明，也可以說是由無量數的細胞所組成：有一位自然科學家曾經計算過，人體有細胞四千六百萬萬萬，換言之，比全世界人口多二十五萬倍。這眞是一種了不起的社會！

這些器官，這些細胞，併不是層疊着的，而是在一種互相依賴的關係之下，牠們的關係之密切，到了只要內面有一個受了傷，則其他的細胞，亦卽是「全體」的細胞均爲所苦，或者甚至大家因之死亡，所以實較一國內各成員間之關係更爲親切，而性質卻完全一樣。亞里斯多德所謂「我們應該把各個動物都看做一個很有組織的社會。」就是這個意思。

有機學派只是把這個比喻顚倒了一下，說是「我們應該把每個社會都看做有機的動物。」這正是和亞格里拔在他的四肢和臟胃的著名故事中所說的一樣。稍後使徒保羅選用一種更正確的句子說：「我們是一體的四肢，一肢受害，四肢遭殃。」

然而一個國家的國民間和一片肌肉的細胞間，似乎還有某種不同之處存在。前者是都具有個別的意識的，而後者則否；有之也只是一個，而爲全個「體」所共有。

但是假如我們考查一下蓄水池中的珊瑚，我們就可以看見雖然有許多的頭足，而身體只是一個；牠們彼此由一種組織所連接，這使我們無從知道到底是一個動物還是一個動物的社會：這正是個體與集體的過渡形態。這些半「個體」和半「個體」不僅是互相依賴，簡直是互相錯綜。而且卽使在人類社會中，性的結合也只是使連鎖中之最基本的方式繼續着而已。

這種頭足雖多，然而實只能組成一體的生物，似乎和我們人類相差甚遠。然而當進一步去觀察人類世代相傳的事實時，我們卻可以發現一種相同之處，不過這種相同之處，非在同時的狀態之下表白出來，而是在繼續的狀態之下罷了。在人類方面也是有一根樹幹在的，如植物樹幹上之發育嫩芽似地產生出一種新體。

因爲繁殖的細胞由一體傳到他體；這種細胞是每代都有擴大，每代都要繁殖出新的細胞來，而組成一個新體，不過這種組成新體的細胞已有其特有的用途，終有消滅之一日，非如繁殖細胞之永遠不死也。正是這種繁殖細胞，用遺傳去組成了連鎖的事實，這個我們在下面可以明瞭。

在較高等的動物社會中，我們可以發現個體是已經彼此不同。有的個體是可以獨立活動，似乎也可以獨立生存。但是事實上卻不可能，因爲連鎖把牠們還是那麼樣緊緊地繫着，使牠們無從個別地取得營養，個別的從事繁殖。

著名的蜜蜂馬蟻白蟻的社會正是如此；這種社會都是由一些表面上似乎是獨立的個體所組成，但是因爲牠們中間有的是專事生殖，有的只在操勞服役，供給食物，有的則以防衛爲天職，從事戰鬥；個別生活，惟有使全個社會趨于滅亡。

無疑地這種分別也在人類社會中分工合作的狀態下存在。不過不是強迫的罷了；人類社會中的各成員在必要時是互相服務的。

在我們人類社會中，人與人可以互相代替的事情，是無日蔑有，不過有的人容易了解，容易接受，有的人稍爲固執不去實行罷了。

緊緊動物社會各份子的那種宿命的連鎖，是在人類社會中所找不見的。一切倫理學書籍中所引用的佛羅利昂（Florian）的寓言盲人與瘋癱患者中「我代你走，你代我看」的句子，只有在殘廢者迫而互相依賴時，才有牠的意義。

## 第二節　環境所創造的連鎖

我們再進一步來攷察罷，這裏又是一種強迫的連鎖方式，這種連鎖發生的原因，不是在于個人的條件不具備，而是受了外界環境的壓迫。

譬如有的蟲類非在某種植物之上不能生活。自然那是事實使牠們不得不集合在那種牠們藉以爲活的植物之上。

在人類社會中這種連鎖的方式，也是存在的。某種地勢上的條件能夠使人類在一塊工作，一塊來保護自己的利益。

我曾經屢次說過水是人類間連鎖的、合作的、最偉大的教師，或者竟可以稱做啓蒙的教師。事實上水是有一種同時爲人類所不可缺而又能逃出私人所有權的限制的東西。土地和牠的一切產品是可以爲私人佔有的，事實上且亦確爲個人所佔有了，沒有一樣土地的產品能夠逃去私人所有權的掌握。但是水卻不是如此！即使有的水在泉源的方式下爲個人所佔有，然而無法把牠保藏下來，不使牠向下流。是則水之爲物，似乎是從所有權者的手中滑過去了。從本質上言，水確是集體的。水能同時在感覺稀少或充足有餘的兩種情形下一樣地創造連鎖，原因就在這裏。

當水少之時，因爲利用上的分配應該有所規定，迫而實行連鎖。阿爾及利亞，亞非利加等處每個綠州中都只有一井泉水，使人感到非有連鎖，必致渴斃。

對于灌溉，連鎖也是必需的。符洛滿丹（Fromentin）的作品中，有一張可愛的圖畫叫做「水的守護神；」在花園中擔負這個分配生活之水的神聖職務的人，腰帶上掛着一串唸珠，每到手中有了相當數目的珠粒，就把一個水閘關閉了，另外打開一個。在西班牙，在沿地中海岸各處而尤其是法連西牙全屬，那些有名的花園——俞爾塔（Huertas）都是由一般叫做“Solidarités”（連鎖者）的所管理，把水很有規律地予以分配。那裏總共有七個溝渠，這七個溝渠各有一個新提嘉。在這些新提嘉之上有一個“Junte”（聯合會），管理水的分配的是一個“Syndic”（會首）。

假如感到水的稀少，應該爲某種作物犧牲他種作物時，取決之權，完全操在這“Syndic”的手裏，他是水的「迭克推多。」

然而這不是一個絕對的「迭克推多；」還有每星期四在禮拜堂前設壇開庭一次的法官，着了舊時的制服，來處斷一切的爭執。小說家伊本納茲（Blasoo Ibanez）曾經爲我們在他的一本叫做"Barraca"的小說中描寫過這種法庭連鎖的各會員間之衝突是在這種法院前來判決的。閱者一定懂得一個會員看見自己園裏成了旱象，蔬菜乾得要枯萎了，不免要半夜三更起來，去偸偸地把水閘開了，多放了一點水在他自己的溝渠中來。假使被發覺了，就不免引起訴訟；水利法院可以即刻判決而沒有上訴的機會，判決後就當執行，無權可以申明不服。

一到水太多了之時，也有連鎖！那是和水的爭鬥，防止河流的泛溢，宣洩池沼的死水，這都是個別的所有權者所不能單獨辦到的。這不能不有一個會社，而非一人所能擔當。在這種情形下，法律每每強迫人民組織會社。

在我每年要住好幾個月的一個行省叫做賈爾（Gard）的，有一條防止無浪河的堤岸，業主公會有維持的義務，每個業主應該向徵收吏繳納一種附加稅。

別的地方，又因卑溼而嫌水多，有如在羅馬的鄉下和許多殖民地一樣。這卻和對灌溉所用的辦法完全相反；應得開溝宣洩，使之乾燥，同時把蚊子，寒熱症也消滅了。

這種晒乾池沼的會社，在許多國家也是強制的。法國關于這件事的法律已經頒佈得很早，遠在一千八百六十五年的時候。

有的時候或者地面水不夠用，而地下水則甚多，那末就得掘井。井乃家用之物，其水已私人所有化，因之這種方式下的水，似乎不能創造任何連鎖。實際不然！因爲掘了相當數目的井以後，我們感覺到這些井與井之間有了「連鎖」，每開一個新井，其他各井的出水量，也就減少。這是全個南阿爾及利亞的情形，在畢士克拉（Biskra）的南部，最初是毫無計劃地各掘各的井，但隨即懂得井與井間的距離應有一種規定。

水所創造的一個最偉大的連鎖，是尼羅河的連鎖。大家常說埃及是尼羅河的贈品。最正確的說法，應該稱埃及的歷史是尼羅河強迫着埃及實行連鎖的歷史。

一個長亘數千基羅米突的谿壑，被夾在兩沙漠之間；沒有四通八達的河流，沒有雨水，沒有泉源，沒有任何從天而來的甘霖，除了一條發原甚遠，數千年來無人知其所從出的尼羅河外，確是一無所有。

是則一切需用之水，完全要靠這尼羅河來供給，在這種情形下，居民間不能不有一種規約。事實不允許他們說出「個人爲自己」的話，隨便把河水弄乾了。

各個時代都有一些關于尼羅河的規約；發拉昂各朝（Pharaons）就已有了，時至今日，更爲迫切，因人口的繁殖耕種的擴充—尤其是那需水甚多的棉作—尼羅河雖是深廣，仍有不足之感，應該善于分配，并建築偉大的水閘加以調劑。

要想建築像阿蘇安（Assouan）水閘或目下正在藍尼羅河上興工建築的那種水閘，不是個人所能爲力。甚至于也非一會社就能舉辦！要能夠完成這種工程，還有賴于一個像英國那樣富庶的國家。

建築這種水閘的國家，就這樣地成了尼羅河水利的所有權者，主持水的分配的，也就是她。不過這裏也和在法連西牙一樣，有一個大的困難在，埃及的資本家，差不多完全是英國人，這班資本家，把水佔了去種棉花

但是埃及的七八也要用水，而且他們要水不是爲得賺錢，卻是在于取得麪包，較之資本家們來得更爲名正言順。然而我們常見用以製造麪包的作物爲生產棉花的作物所犧牲。

是則這裏又有一種連鎖在全國的連鎖方式下發現，一國的生命和水之集體的享受緊緊地繫在一塊。

## 第三節　戰爭所創造的連鎖

作再進一步的研究，還另有一種強制的連鎖，這種強制的連鎖，非由環境的條件所發生，有如前節所說的一樣，而是由強者的特權所創造。

約束是一部份人加于另外一部份人的東西，甚且還是社會連鎖諸重要原素之一。

往日的奴隸制度，乃是勝者加于敗者的連鎖，奴隸制度是世界上連鎖的最大的方式之一個。無疑地這是一種悲慘的連鎖，有如牛之拖犂耕田，呻吟于重負之下，以生產五穀，奴隸制度也豎起了羅馬的金碧輝皇的各種建築物。

從經濟的觀點着眼，奴隸制度在當日是自然財富之開闢與利用的一個原素；這種事實，是我們人類所不應該熟視無睹的。永不會自動地結合起來以從事于工作的人類，給這種強制的配合迫而參加勞動。

奴隸制度不是強制連鎖的唯一形式，我們在古代埃及的浮雕的繪畫中所看見的那些一百一百地繫在一起，去扛動用來建築金字塔的偉大石塊的人，和那些配合個人的體力，杭育杭育地運着他們的鐵器時代的工具的人，不一定是奴隸或者正是一些自由勞動者，不過被羈着在一個共同的勞動上罷了。

當我們談到強迫連鎖時，總無法不使人想起戰爭所創造的那種連鎖不僅是野蠻人在戰場上被鐵鏈繫在一塊和後來以軍隊紀律更堅固地使士卒無從分開的連鎖而已，部落、城鎮、祖國更無一不是戰爭所創造的連鎖。

說起來眞令人扼腕，然而眞欲在歷史上去找——而且仔細地去找一個非由戰爭所鑄成的城市和國家，即使在太平洋中的島嶼上，恐怕也沒有。

無論人們怎樣酷愛和平，怎樣渴望戰爭的連鎖時代不再見于今日，然而因爲這種連鎖喚起了一些偉大的道德，使我們不能不對之表示敬意。

斯各脫（Walter Scott）的小說，（可惜現在沒有人看）有一本叫做北爾子的麗姝描寫着兩個蘇格蘭氏族間的爭鬥，那是愛琴族中一個老蘇蘭人，爲得救出他們的靑年領袖，要他的七個兒子跑去和人撕殺的情形：這個老頭把他的七個兒子繼續地叫出站在領袖之前，爲領袖而殺敵，每次他看見自己的一個兒子倒下，就叫道，「爲愛琴族再來一個！」一直到他的第七個兒子倒下爲止。

要把這裏我所說的那種城市和祖國之創造的連鎖顯示出來，那末全部歷史都得從新編過。有人給原始的連鎖以一種另外的淵源。古朗史(Fustel de Coulanges)在他的那本好書古代城市(La Cité Antique)中，說城市的來源是祖先崇拜。一家逐漸擴大于是變爲城市。城市是在「地方神」之週圍而產生而形成的。不過戰爭的連鎖和宗教的連鎖是不可分離，因爲——下面是他的說話：「當兩個城市交戰之時，每方的軍隊都帶來了各人的神祇。」

軍隊帶了自己的神祇走，那是事實。伊利亞特(Iliade)一書告訴我們，每一個戰爭，交戰國的神祇總是參加了的。米內爾夫(Minerve)和希臘人在一塊，阿波羅(Apollon)和托羅陽斯人(Troyens)站一邊；比這時還早，當希伯來人出征卡南(Canaan)時，曾說他們的國神耶和華也和他們一起與敵人相見于疆場之上。

把祖國也這樣地劃入強迫的連鎖之內，似乎頗易引起人們的反感。然而我們又確實無從把牠歸入契約的連鎖那一類。

時至今日，已再沒有人相信國家是由一種「民約」所組成的。就是盧騷也絕沒有以爲國家原由民約組成的，原由人類的互相結合所組成有如人們創設一個實業會社或是一個合作會社一樣在他看來，這也僅是國家組成的理想目的，而非已往所遵循的法則，將來人類進化達到了成熟地步之時，才能開始實行。

誠如諺語所云，吾人對出世之祖國，亦如對生身之父母，不能自作主張，有所選擇。祖國之連鎖確係「自然」所加于我們的一種連鎖。

然而我們對于這種國籍之自然的連鎖之應得默認，以一種日常的「可決」去接受，也和可以把本國國籍拋棄改入外國國籍一樣。因爲改換國籍總算是不觸刑章，這已可證明如今我們對于國籍一事，不完全在強迫的連鎖狀況中。

話雖如此，惟是要轉換國籍，仍非易事。我們且不說感情、家庭和語言的種種維繫，有的國家如今日的意大利一樣，向外移民，已爲法律所禁止。泛繫國正如她的旗幟所示，那被緊緊縛着的一束，是不能拿來分開的。

## 第四節　需要所創造的連鎖

一般愛國熱甚高之人，對我們說祖國一詞中有一種束約的連鎖存在，卽憤然不悅，今且爲得賺取他們的歡心起見，把牠歸入自發的連鎖一類，卽是說這種連鎖是那非意識的力量因需要的壓迫，自自然然而形成的非預定的一種意向。

羣衆的連鎖，是人類所常常談及的，而且竟可以說是心理學的研究之一種。羣衆中是有一個靈魂，一個可怕的靈魂的。這個靈魂，在戰爭和革命爆發之日，是什麼事情都可以做得出來的，不惟能夠奪取巴士地監獄，再可怕的殘暴行爲，在他們看來，也不過爾爾。

但是最聞名而又最重要的自發的連鎖，還是經濟方面的「分工。」對于這個的分析，亞丹斯密已開其端，經濟學家巴士幾亞在他的經濟的調協中賡繼其說，已經詳盡透澈，無以復加。

我想從巴士幾亞的書中抄出一頁在這裏，固在表示我尊敬正義之意，然而也因他的這一段文章，常被許多書籍所大膽抄襲引用，隱匿了作者的姓名，而對來源毫不加以注明。最近我還在兩本經濟學中找着了這段文章，不過內邊的例子有幾處已經改爲現代的罷了。

「試取普通社會中之一人，就說一個木匠罷，來考察他對社會所貢獻的以及他從社會所接受的是什麼。

「第一是每天起床之時，他卽穿衣，而他的衣服之任何一片，都非他自己所製造。不管這身衣服如何簡單，要能爲他着用，必得經過無限之工業的、運輸的、發明的勞動始能完成。必得有美國人生產棉花，法國人製造絨蔴，巴西人供給皮革；必得把這麽材料運到各個城市；必得已經加了工，紡就紗，織成布，染好色。

「其次要想使他用來吃的麪包每早出現于桌子之上，必得土地已經開墾，已經耕耘，已經下肥，已經播種；必得留心盜竊；必得隨時隨地保有某種安全；必得將麥子收割，磨成麥粉，製成麪包，裝人爐灶必得有鐵、鋼、木、石所做成的工作器具；必得有的人佔有着動物的拖力，有的人佔有流水的動力。

「這個木匠不是可以一天不用一點糖，一滴油，和幾件廚房用器的。他還得把兒子送到學校去受教育而這種教育無論怎樣蹩腳，仍代表着不少的探討、研究，和想像起來令人咋舌的知識。

「他走出大門，就是修好了而且照亮了的街道。

「他去到教堂，那是一個偉大的建築物，就是他手裏所拿的書，或者也是人類智慧的一個偉大的建築物。

「有人教他修身之道，有人使他思想澄明。

「假如我們這位木匠要去旅行，爲得使他節省時間和筋力，有人把坎坷不平道路變爲康衢，架橋河上，以通兩岸，把一切的障礙都減少了，在石子馬路和鐵軌之上設了有輪的交通機關，把馬或蒸氣馴服着了……」

然而我們應該留心，因爲人們也可以寫出和巴士幾亞相反的東西來。

這種不許人們孤立生活的經濟的連鎖，也可以用一種相反的描寫，卽用中世紀的所謂天主教堂的出會（Excommunication）去解釋。「出會」是一種最令人膽寒的處罰，連國王也要爲之嚇倒。出會者應該拋棄麪包、鹽、水、火和房屋，拋棄和當時人們間的一切關係。是則「出會」乃是把這個人對社會連鎖的一切關係都割斷了，亦卽是同時把他處了死刑。

而且這正是古代希臘各城用以處罰被流放者的方式：禁止水火。

實則我們還不必回溯到中世紀的這種宗教中的「出會」上去，卽在我們今日，就可以找到這種事實，這種「出會」不是由教堂判決，乃是由工人的同業組合所議定，叫做「杯葛運動」（Boycottage——同盟抵制）這是禁止會員和會社所想抵制的雇主或商人發生買賣的行爲；假如想使一個被看作「黃色」的工人屈服的話，就令他什麼工廠都插不進足。

每當杯葛運動在一個相當大的規模和相當多的人數中實行時，牠的效力眞是可怕：使人只得讓出或者離開那地。然而這仍不過僅是一種連鎖的破裂。

最近我們曾經眼見過這樣的一個大規模的連鎖的破裂：當大戰之時，封鎖是雙方所用的最可怕的軍器。這個曾經爲聯軍所採行的封鎖，使德國陷于飢饉，因此而死的老老幼幼，較戰場上砲火所屠殺的生靈或者還多！在反對方面，德國所實行的潛水艇封鎖政策，今日英國人還自己承認說，假如當日能繼續到一兩個月，英國已經豎起了投降的白旗。

是則這已經證明了國與國間也和個人間一樣，是有一種連鎖的。一個像英吉利的國度要想孤立生存，尤其是在今日，眞是不可能。她本國的生產品，沒有法子可以養活本國的人民至三四月之久。

## 第五節　習慣或法律所創造的連鎖

習慣和法律都是種類繁多，而其強制的性質，亦不下于前述諸款。人們常常談起「時尚」之淫威；但是宗教的成規不是更加嚴厲嗎？同樣的禮節，同樣的動作，同樣的祈禱，那都是規定的樣式。譬如在虔誠的新教徒或猶太教徒中，大家都尊重禮拜日或安息日，凡是信徒沒有不于七天中之一天完全停止他們的社會生活，回教徒在他們的教曆第九月（Ramadan），也是一體實行他們的齋戒。這其中豈不是有一種連鎖在。學者的門閥畛域，今日的階級鬥爭，又豈不是連鎖之最顯著的表現！

可是我們不是說法定的連鎖和前述的由外力所授予的連鎖，其強制的意義完全相同，因爲法律之在德謨克拉西的社會，應該看做全國人民意識之表現的。這種意識誠然是多數強制少數，但是社會規約既由普選而來，則少數仍得當作自己的意識之表現去接受。要曉得假如人們認爲遵從多數的意識是一種強制，那末無論一種什麽社會的一切決議都是一種強制，即是合作社或是同業工會的決議莫不皆然。因爲假如沒有條規，而少數又不遵從多數的議決，是已不能成其爲社會。當一個會員遵守會章時，不能說他是被強迫着的，因爲他所遵守的只是他自己的會社之會章，而且這種會章在他入會之時，已爲他所默認了的。其唯一的區別，在于會員是自由的加入，而國民則除了改人他國國籍外，完全以其生長地而定。

這種法律的連鎖，爲數甚多，徵兵制度就是一個十足的法律的連鎖。

關于業主爲防禦水災，宣洩沼澤這一類的工作迫而組織會社的事，我們在前面已經說過了

從前有過一種在刑律中存在的連鎖，這才眞是一種可怕的連鎖。譬如希臘之划船苦工處罰，把犯人成行用鐵鎖羈在苦工船旁的長橈上，呼他們划船，他們必得大家一齊動手，很準確地保持着均衡，一個犯人稍一不愼，沒有合到拍，則那犯人的腦袋不是爲前槳就是爲後槳所打破，這是多麽顯明的連鎖！我們應該記得，那些遭受這樣的連鎖之人中，還有在莫爾（Maures）的苦工船上坐着的塞汪德斯（Cervantes）那班基督教的俘虜以及在路易十四的苦工船上坐着的新教的牧師。甚至于到了前世紀仍有手鏈腳鐐的連鎖要一對一對地被罰作苦工的犯人拖拽着。

幸而這種刑律的連鎖在今日已經消滅或是較前減輕了。不過罰款的連鎖依然存在。而且凡非隔離的單獨監獄，囚徒間和被罰作苦工的人間，有一種惡習慣互相霑染，道德一天更壞一天的連鎖在，加之這種連鎖對于其中的許多犯人，其影響之惡，較之遭受極刑還甚。

強迫保險和義務救濟的一切方式，既是使富者或雇主對他們的本地人和工人負擔津貼的責任，也都是一種強制的連鎖。關于這個最近代的連鎖方式，且待後面再說。

從廣義方面言，我們可以說一國國民在財政上彼此是連鎖的，因爲事實上凡是不納稅的人，無論是用了欺騙的手段，抑或受了法律的豁免，這沒有繳的部份，必定落在其他納稅者的兩肩。他方面，賦稅是繳給我們祖先爲我們服勞或者竟常是爲我們造孽的代價，那末很可以說這是代與代間的一種連鎖。

## 第六節　互認的連鎖

互認的連鎖是一種由兩個以上的人爲得共同結合組織一個會社而來的連鎖。

這種會社的數目，總在數千萬之上，而其社員正一天一天地在增加。至少在某種年齡之上，我們沒有一人，不是三十，四十或五十個會社的社員。每個會社都要耗費了我們一部份—幸而爲數甚微—的金錢和時間。

不過這些會社中之一大部份不能引起我們的興趣，因爲在體育會社，童子軍會社或自由思想者會社中，組織雖很嚴密，連鎖的地位可是甚小。至于實業會社，至少是在合股會社的方式下，其股東間沒有一種真正的連鎖。每個股東認定一股之後，除了領取股息外，什麽也不理。

互認會社中與以連鎖爲基礎—這正是我們感到興趣的問題—的會社，可以分爲三類：

(一)職業會社

(二)互助會社

(三)合作會社

甚至于就是這三類會社，也還有程度上的差別可以找出來，因爲自由的成分不一致，也不是一樣地從一切的強制中解放了出來。

# 第四章　連鎖的面面觀(續)

——同化而來的連鎖和分化而來的連鎖——

這裏有一件値得我們注意的事，是我所說的那種自發的連鎖乃由兩個不同——甚至于可以說是兩個相反——的途徑所形成。

## 第一節　同化而來的連鎖

這種連鎖第一是由同類的接近而實現。每個生物對于其同類自然地發生一種同情，一種戀意。「物以類聚」這句諺語，不惟是民間的眞理，而且是科學的眞理這種眞理或者還以化學的親和力方式在無機界存在。但是無論如何總在各等的有生物中表現着：生物多少都是成羣地出來。只要看看日內瓦湖上的水鴨，就會相信牠們很歡喜有伴兒在一塊。

但是如說「類似」與是同情的原子，能因之以發生結社時，則歧異也因兩造的缺憾所生的求全之需要而有這種可能。且不去談性的結合，也不去提前面已經引用過的瞽者和跛子的故事，我們可以說個人間也和國家間一樣，什麼都能交換，什麼都是從這種分歧而來。

我們甚且可以說這種方式的連鎖較之前者更爲有力：把相同的兩個生物，兩個體分開來，那是比較容易的事，牠們雖是寧願結合在一起，然而獨立仍可生活，至于把不能孤立生存的兩個生物兩個體分開來，那就難得多了。

這兩種方式的連鎖，到底是那一種有駕御他種而上之的傾向呢？經濟的、社會的、政治的進化，是朝着同化的擴充一方面前進，抑是朝着分化的擴充一方面前進呢？

這個問題，是很不容易答覆的，因爲這是要看我們到底專從這兩種連鎖方式之某一面着眼抑或是雙方同時幷重而定。

在第一章我們已經概括地指明了怎樣于一代——一個人的壽命那麼長的時間——之中，交通機關如雨後春筍似地發達起來，使今日每個人都成了他人的鄰舍——而這所謂鄰舍，又卽算不含有廣泛的抽象的意味，至少是表示着這字的本義。個人間的這種接近必然地發生一種個人的積極同化，一種需要的齊一之結果。這就是所謂「時尚」——而這「時尚」其初都是地方的，隨即變爲全世界的了。到戲院去看相同的喜劇，對相同的好字眼開心喝采，哼着相同的歌調，這就是社會連鎖的方式，雖然毫不是什麼了不起的事情，可是仍然和我們在前章所提及的强制連鎖一樣令人不得不俯首聽命。

各地的或甚至于各國的風俗只能在博物館找出來了。現在是天下烏鴉一般黑——網球到中國，一如麻雀牌來歐洲——同樣的運動方法，同樣的電影片子。

一切「時尚」以一種那麼樣的速度由天涯跑到地角的現象，眞是令人咋舌。我很奇怪爲什麼不大看見統計家在社會調查中去核計一下每個像短女袍或短頭髮一樣的「時尚」要經過多少週多少日從歐洲傳到澳洲。我們就拿衣服來說罷，從前是省與省異，甚至每一種職業或每一種社會地位，都各有各的服裝，布爾喬亞有布爾喬亞的，農人有農人的，工匠有工匠的，官吏有官吏的，五光十色，各自不同，如今則到處一致。日本人和中國人也拋棄了他們自己的美麗長袍和辮子，去穿西裝戴黑禮帽。土爾其人那頂好看的紅斗帽，也給他們的新的摩登蘇丹嘉齊（Ghazi）令禁了。我們這裏各城市中的工人出了工場，大家都是領子領帶，外褂氈帽，打扮得和布爾喬亞一模一樣，（註一）甚至于連兩性間的服裝上的區別也有漸趨泯滅的趨向了。中世紀且不去說牠，我現在還記得清清楚楚，當我是大學生的時候，高頂大禮帽還是布爾喬亞和工人的分別之所在。我們那時大家戴了毫不爲奇。一到大戰之前，這種高頂大禮帽已經爲黑色小禮帽所代，而今日又變爲氈帽，差不多什麽人都戴，沒有分別了。

關于度量衡中的制度，是我們大家所知道的，目下各國，連中國和蘇俄均包括在內，都接受了法國大革命所頒佈的制度。

誠然我們還沒有達到使各國語言趨于一致的地步，因爲這裏是有一國的文化生活在活動着的，除了英語頗有流行各處的趨勢外，歐洲各主要的語言，沒有一種能夠辦到這一層。此刻世界語雖已爲一些國際的會議所採用，然而要使牠成爲眞正世界語，還有待于將來。不過採用拼音字母，似已成爲普遍的事實了。土爾其的好看的亞拉伯字已經明令爲拉丁字母所代。中國字和日本字也快要受同一的命運。德國人的峨特式字母卽非全爲拉丁字母所淘汰，至少是已爲拉丁字母所排擠。

對于貨幣，人類也在朝着統一的道路走，但是因大戰和由大戰而來的貨幣價值之跌落，佛郎的大家庭——甚至于包含着非拉丁民族大聯合以內的國家——原來是團結着一打巴國家的，現在也分散了；除了瑞士佛郎還保持原來的價值外，其餘如法國、比國、意大利、萊多尼亞、希臘、保加利亞、羅馬尼亞等國的佛郎，都給匯兌弄得七零八落，極不一致。但是貨幣的這種分歧，倒給了美元和英鎊一個普遍化的機會，漸漸地成了國際的貨幣，事實上到處可以流通。

我們現在無時不聽到人家說起什麼「合理化，」這是從德國搬進來的一個生硬字眼，已經把那個由美國來的更爲刺耳的字「標準化」代替了。什麼是標準化或法正化（這是法國人的說法）或單純化（這個字眼比較更來得簡易）呢？這是各工廠把牠的製造品的變化減少使成數項式樣的辦法。

是則這裏又是一種趨向于同化，趨于統一的很顯著的表示。

這種類似的現象，也在立法上表現出來。每逢一種關于勞動時間，社會保險等等的勞工法律在一國被頒佈之後，隨即爲全世界所做行。就是像我在法闌西學院所講授的特種問題——合作，頃近也有好幾種關于牠的法規在西班牙、阿根庭、墨西哥、萊多尼亞等種族文化均不相同的國家繼續着頒佈，而且內容幾乎完全一樣。

政治界的情形，也是如此：人民的權利，在先是因階級而大有差別——第三階級、神父以及貴族各有各的特別權利。如今只有「人權」一樣東西了，而且各國的「人權，」彼此都是一致。

## 第二節　分化而來的連鎖

分化的連鎖嗎？是的，在由分歧到劃一的進化中，同時有一種別的進化，用了一樣大的力量表現出來，那是由劃一到分歧，由同化到分化的進化。這種進化也是一樣地十目所視，十手所指，而且在各種事物中表現出來。

在商業中，至少在大城市的商業中，「特製品」一詞，大街通衢的廣告上都印着。在自由職業中也是如此；我們有專門醫眼的醫生，專門醫鼻的醫生，專門療肺的醫生，專門婦科醫生；律師也是如此：有刑事訴訟律師，商業訴訟律師，離婚訴訟律師等等。

這裏我們所當注意的，是那種由同化本身而來的競爭，迫着每個參加競爭的人走入分化的途徑。所以在某一點有一個運動向這一方面前進，即有一種別的運動向反對的方面前進。物理科學中所常見的那種因極微的推移而轉變其研究方向的現象，就是這類的事情；社會科學中也是如此。

我剛才把「時尙」當例子說明了「統一。」但是「統一」的進行到底如何呢？那是在「時尙」還沒有十分傳遍的時候，這就是說在牠把所有的人統統從一個模型中鑄出來以前，已經又發生了一種所謂「新時尙；」那正是有一個不知爲誰的人跑來弄聰明，以圖破壞這種「同化。」譬如在商業中你可以看見各商店的門前都寫着「本季新裝」的字眼，這個不惟表示與過去分家，而且希望和其同類「判然有別，」因而不致落于「凡俗。」

在國際政治之中，也是如此。我們今日雖是可以坐在同樣的蒲爾門車箱(Wagon Pullmann)內週遊全歐——卽算還非用以走遍全球的時期——到處住在相同的巨廈中，找出幾乎沒有分別的飲食，然而不能不承認各國都有她的一種「國性」屹然獨立以別于他國。此刻使政治局面悲劇化的「少數民族，」固是欲在光天化日之下分得一席地，然而牠所反抗的，正是同化。五十年來，尤其是大戰以後，民族復興民族自決的運動卽是爲得保障本國的語言、宗教和學派，換言之，在于維持她們的特有的國性。

這種思想確實不僅在往日那些參加了大戰的各國存在，就是在當初已經完全統一了的各國的中心，也是一樣。你看，在法國有亞爾薩斯人所要求的自主問題，甚至于布累它紐省（Bretagne）也不但要從保存她的語言上以表示其自尊心，還要起用她的固有的牧師，每年用塞爾特語舉行一次盛大的儀典。蒲羅文斯省雖是沒有要求自主，至少她的那些民間詩人常用詩歌去使過去的語言和風俗甦生。

我們可以重行在學者用以從事于科學之探討的方法中，找出這一種「合一」與「分歧」的雙重運動。一方面他們設法把各種現象歸納成一種現象，各個體歸納成幾種簡單的原子，甚或這些原子又被歸納做僅僅一個叫做「水素」的原素，把一切的力、光、熱、電、磁也歸納于一個可以代表牠們的名詞中。

但是同時別的學者在反對的方向，用了分析的辦法去進行他的研究工作，專心于發覺人們認爲已經是一個單位的錯誤。他們從各種分數上加以探討；有人說只有在第四位小數上才可以開始發現一點新東西，在這裏就有人窺破了其中有什麼說不過去的地方，有什麼地方不能應用這個方程式了，換言之，這內邊有一種細微的分歧在。正是因爲同一的理由，物理學家于相信了全個宇宙都是要受某種定律——萬有引力定律的影響之後，找出了光線的某種運動或某個行星的放射線，不是絕對地和這種定律脗合。這裏又有一種細微的分歧了。

## 第三節　該兩種演進何者將處優勝的地位

初視之，很可以相信人類的分歧之擴大，促成了進步。英國哲學家斯賓塞把他的整個思想概括于一個著名的方程式中：進化是由同質到異質，這就是說：進化乃由相同的升至相異的，正是這樣地，天文學給我們指出了星團中的非晶質或者只含有一種原素——據說就是水素。後來因原子之各種結合，漸形複雜化，創造去無量數的體、星，以及無奇不有的各種生物。再次生命淵源、原質，膠狀的原形質發育滋長于一切有生之動植物區。這眞是由分化而成的進化的奇觀。

還有就是卽不從世界的淵源說起，專從世界的終局推上去時，也是一樣地可以解釋這種進化。在一切物理學教科書中都講到發生光和熱的各種溫度的分化，乃是一切運動和一切生命的成因。目下對溫度的種種分化是從空中的絕對冷度——零下一百八十三度算到太陽系的熱度度數。這所謂太陽系的熱度度數，非我們的這個只有六千度的小太陽的熱度度數，而是我們的太陽系以外的具有一萬八千度的諸星球的各太陽系的熱度度數。這種高熱度逐漸散在空間的廣漠之中，有一天大千間的熱度會降爲一致，到那時將是一切的一切之末日。

回過頭來從我們人類本身說個性也似乎正是由分化所形成。假如我們把人類和海綿比較，海綿也確是一個活的體，不過海綿的各部，和全體完全沒有分別；我們可以把牠切成小塊，那只是用一個大塊做成了許多小塊而已。至于高等的個體中之各部份，是一些不同的器官，而且是不能彼此分離的。假如我們承認器官之分化是高等個體之特性，那末同樣我們得承認個人的分化愈複雜愈可以提高文化。野蠻人部落中的各成員間，可以說是沒有什麽大分別；然而雅典、羅馬或巴黎的公民間卻有一種大的分別在。在這些地方是有許多不同的「個性」的。然而所謂個性，除了自己就是自己而非別人外，還有什麽解釋呢？難到有人會作「人類一如自由車上的零件，可以互換」的想法嗎？

孔德的高足涂爾幹教授在他的那本著名的社會分工論一書中，有好幾章就是專在發揮「社會的甚至于道德的進步來自分化的」那種理想。

他說這種文化是和平的條件；因爲假如一切的人都是一個模型，假如大家都朝着一條路上去，假如彼此都抱着同一的目的，那末到了某一個時期，不免此路不通，從而發生競爭，發生生存競爭。至于在每個人都有他的固有的行動圈時，不惟絕不會有什麼衝突，反而有一種互相幫助，互相切磋之需要，因而產出合作。

這是以分化求進步的那個學派的論據，我想上面的轉述，沒有把這種論據的力量減少不過請讀者准許我對涂爾幹把同類間的連鎖看做連鎖的一種較下等的方式提出異議，而自處于反對學派之列，主張同化的連鎖是有牠的社會的和道德的超越性，并有其遠大的將來。無疑地，在道德的觀點上，人們可以說個人不能用本身的力量去滿足自己，當有求于他人的幫助，是一種好的現象。但最好還要這種互相的幫助不是兩方殘廢的結果，有如瞽者之與跛子，因爲這樣一來，就成了需要下的俘虜物了。

當聖西門派的人退隱于美尼芒端之時，大家都穿着一件紐子開在背後的背心，因而沒有別人的幫助，無從把紐子扣上。這個在他們看來，乃連鎖的標識，但我們也可以說那是承認自己的無能，因爲非有他人的幫助不能滿足自己的要求，正是殘廢的標記。

有一個物理學家也說：「進化似乎是在這樣一種日有進展的傾向中表示了出來：那是生物從有組織的狀況到對環境的獨立而且到專門化。」（註二）這話可是真的嗎？對環境的獨立，固所當有，然不一定要有對同類的獨立。人們固然可以說那在液體環境中溶解後而能自行結晶的礦質，就是一種能獨立有個性的物品之雛型，但是不忘記這個晶體本身已是連鎖的一種顯明方式：牠遵守着一種定律，讓牠的一些分散着的分子羣聽這定律號召，調擺，任這定律取而團結于一種無可變動的情況之下。

假如我們把視線移到經濟科學之上，不是也有時總以為「分工」一事可以得到增進人類個性的效能嗎？實則大謬不然，無論那個經濟學家，即使是贊美「分工」的人，也不能不承認「分工」每把工人降為機械，這是確鑿不過的事，因為當這種專門化到了某一種程度時，正可以用一種機械的工作把人替代。有一位經濟學家在談到一個雇了五十個專門工人從事于針的製造的工廠時曾說：「人們對于一個把他的全個生命一點一點地耗于製針頭的工人將作何感想呢？」時至今日，只有給這種降低人類性格的事實找出一個糾正的辦法，并且從別的方面如技術教育，工時減少，去把這被破壞的個性努力恢復起來。

一位英國很有名的著作家威爾斯（Wells）在他的月球旅行記中描寫過「透明石膏人」一社會的情形。他說那裏的每種社會階級，都有其特殊的職業。而且在這些職業中，分工已成了有機的，所以每種社會職業都有一種恰能勝任的「透明石膏人」擔任。「細緻的工作，是由一些很細巧的工人負責，這種人眞是小得神祕，我簡直可以一把握在手掌裏。有一些人我想他們是管理機械的，眼睛後面有兩個其大無比的耳朵。另外有些人是從事于一種精細的化學工作的，當前突出一個廣大的嗅覺機關。」至于領袖，政府人員，幾乎只有一個腦子。月亮大帝有「一個直徑數米突長的頭袋，看來好似一個肥厚不透明的胞囊，折摺轉屈而成的一起一伏的波狀暗影，很顯地可以分辨。再就這個龐大無比的東西朝下望去，令人毛骨聳然地發現有一對細微的眼睛在打量你。兩隻小手——一種像煞無用的肉鬚，把這副嘴臉撐持在寶座上。」

這種夢魘中的幻影，是分工達到極端的象徵。牠把人類帶入獸性的卑劣方式中，個人只是一個器官。

至于涂爾幹的「分工——而尤其普遍的一切的分化——乃和平的一種的原素，可以避免各種衝突——個人間的爭鬥」的主張，和事實極少符合。世界上還有什麼別的自私主義較職業的自私主義，較行會的精神更爲凶猛呢？一切的社會衝突，一切的所謂階級鬥爭，都是分化的結果。這是因爲一方有雇主，一方還有工人，一方有債權人，一方則有債務人，一方有所有主，一方又有佃戶或住客，一方有資本，一方復有勞動，使經濟世界呈出一種戰場的現象。

他方面我們應該注意的，爲分化卽是不平等。不一定要是平等的共產主義者才應承認某種不平等的方式之存在。這些不平等的方式，以一種極端的性格和連鎖背道而馳因而分化不能爲一個以連鎖作牠的格言的學派所接受。極端的富，極端的貧一樣，有一種將人與人及人與共同生活體間之密接關係割斷之壞結果的。假如拉察爾(Lazare——一個癩頭窮光蛋）和富人間的鴻溝，眞有亞拉伯罕對一個惡財主所講的：「你們和我們之間，隔着一個深淵，使那些想由這裏到你們那裏去的人望洋興嘆，也令你們無法渡到我們這兒來」這個寓言一樣，那末一切的社會連鎖，當然無從存在。對于一個貧而又貧的窮人，睡時披星帶月，吃時隨手抓來，已經是沒有社會的連繫：巴黎給火燒光了，與他何干！對于一個富而又富的財主，海濱有他的別墅，山中有他的巨廈，而且皮夾中滿裝着各國的有價證劵，一切的社會連繫，在他也是可以掉頭不顧。時疫、革命、大戰，在他都可以充耳不聞，那是不會影響到他的：假如他願意的話，很可以關在他的象牙之塔內，和勒朗大帝(Néron）一樣，彈着七弦琴看火燒羅馬。

最和社會連鎖背道而馳的，倒不全是社會的不平等之本身，而尤其是那想有不平等發生的欲望，這就是說那種想出人頭地以自別于人，或是創造一些他們很滑稽地美其名曰「聯歡」以至于「高等社會」的小倶樂部，在人我間設立一種障壁的欲望。

設使愛情眞是分化——性的分化之最基本的結果，然而我們不能不承認友誼却是由同化而產生，朝同化而前進。友誼之所以成爲一種比較高尙的感情，正是因爲牠不和愛情一樣，有肉體的條件——用一個流行的名詞就是「佛洛特的」（freudienne）條件——爲基礎，而以純粹的心理條件爲基礎。友誼的感情較性的愛情爲平靜，也正是因爲友誼的感情是從本能的衝動和官能的淫威下解放了出來的，牠所創造的連鎖比較高尙，因爲這種連鎖是更自由的。

我們在這裏可以作一個結論說，我們上面所講的那兩種進化的方式，都是必要的，不惟是彼此不可分離，而且是互相完成。所以愛國主義既激起一個對外族的堅強而又常是仇恨的意識，同時又可引出一種同胞間的很有力的同質的結合。這兩個上升的弧線不絕的常常擡頭；「劃一」的傾向引出一種「反動」「傳統」的精神激起一種「革新」——或竟說牠是一種「革命」但是倒轉來，革新漸成了平常事物之時，則又復回于傳統。

是的，但是到頭來，還得承認人類的聯合才是一個超越的目的，分化不過是用以達到此目的的手段而已。耶蘇在最後的聖餐中曾說：「上帝，我祈求你，他們全體應該在我身上合而為一，」還有世俗的一切道德都提倡博愛，教我們愛「我們的同類，」這也是預先假定着有了這種聯合。

（註一）「現在不再是用一個人的外部的標記以求有別于人的時候了。」——Lalande, La Dissolution Contre l' Evolution, P. 283

（註二）De Launay, l' Histoire de la Terre

（註三）在（註一）中已經提起過的那本好書中，拉朗特（Lalande）教授曾說：「最超越的善，乃是一切偶然的——因而也就是一切有別的事物之消滅。」

# 第五章　遺傳中的連鎖

到此為止，我們已經把同時代的人們中間所有的連鎖指示出來了，現在留下來要我們研究的，是時間上的連鎖，卽是說在遺傳的方式下所存在的連鎖。

人類所能看見的連鎖，第一要算遺傳形態下的連鎖。這種連鎖那麼樣地使人觸目驚心，竟常被古代的悲劇和傳說用作題材。亞特里德（Atrides）的全部歷史，亞伽門農(Agamemnon)，克里鄭勤斯特爾(Clytemnestre)那些把亞特雷（Atrée）各種罪孽結束了的暴行，一切這一類殺人不眨眼和可詛咒的繼續不斷的事情，（註一）或者還有拔西發爾(Pasiphaé)那種在他兒子飛德耳（Phèdre）身上復活的奇怪的愛情：所有這些，都是遺傳的連鎖所表現的事蹟。

不僅是在希臘的文學中有這種描寫——荷拉士(Horace)也這樣說“Delicta majorum immeritus lues,”「你將并不因自己的不是，卻僅為你祖先的過錯而送掉性命。」（註二）

當人們故意把原始罪孽的基督教義（這種教義實大與我們之所謂正義相反，因爲牠要過去現在未來的人類代亞當和夏娃負起他們的罪孽的責任。）加以侮辱或非笑時，人們應該感到在這種隱謎中，是有一種很可以動人的、悲劇的、超越的意味，在一種過分苛刻的本身之上表現出來。因爲這種無可否認的事實，人類對于生在他們之先的人的行爲，是要負責任的。

在原始的社會學中，家庭成員的集體責任，是一件通行的事實。大家都知道苛爾斯（Corse）的民族的仇視是什麼東西：一個家庭的每個成員，對于他們中間某一個人所犯的罪過，所鬧的亂子，應該大家負責。爲得報一個人所犯的殺人罪之仇，全家的成員都被屠殺。

而且這不僅是對國人爲然，國與國之間也是如此。

當我在前面引用賽堯坡士教授的「歷史只是連鎖的研究」之時，已經指明了那是一種再顯明也沒有的，幾乎近于常情的眞理。法國人在前次大戰中死傷的，不下數百萬，這是因爲他的父親不幸地、或笨蠢地在一八七〇年打了那麼一戰。假如沒有一八七〇年的那一戰爭，一九一四年的世界大戰也會不致于發生。

法國人目下之所以爲與亞佈得爾兒克里姆（Abd-el-Krim）戰，而死于摩洛哥，正是百年前他們的祖先征服了阿爾及利（Algérie）的結果，因爲征服摩洛哥的企圖，就是征服阿爾及利後的自然的（假如不說牠是命定的）步驟。這和二十年前對突尼斯（Tunisie）的往事一樣，要成了摩洛哥的主人，才可以保護阿爾及利，使她的腹部不致受攻。

對於與自己毫不相關的那些過去人的行動所發生的這種人類的連鎖，到底應該怎樣解釋，怎樣辯答呢？

這是我此處不預備討論的問題，而且似乎還沒有法子可以解決。巴士卡（Pascal）下面這一句有名的話，卽算不能爲這種連鎖辯護，至少可以給牠一個解釋：

「在各世紀間生存着的一代代的人類，應該拿來看作是一個永久存在，繼續學習的同一的人。」

可是當我們說到那同一的人時，我們一點也不覺得逆耳而且簡直以爲我們中間的每個人對于這個同一的人在過去所做的一切，很自然的不能不受到影響，不能不負起責任——卽使這個人的人格，無論在生理方面抑或在精神方面都是和一種民俗的信仰所說的一樣每七年必發生一種生命上的更新也好。

不過假如眞的一切的人類只是一個同一的人，那末爲什麼對于今日的人要接受曩昔的人各種行動所發生的影響表示詫異呢？即使那裏面有什麼神祕，也得說這是兩種情形下所同有的事情。惟是，這裏也是一樣。連鎖的表現，是有種種不同的方式的，或者是在生物學的觀點上，或者是在社會的觀點上，或者是在知能的和道德的觀點上，但是無論在什麼地方，我們可以發見個人大都每每是他的先驅者的產品。

孔德是把這種方式的連鎖發掘了出來的人，他告訴我們：這種連鎖較之我們上面所研究過的各種連鎖方式下所發生的連鎖——同時代人們間的連鎖，要有力量得多。人類對于空間的依存關係，較之對于時間的更來得密切，因爲人類有時可以從自然的環境中解脫出來，然而對于過去，却辦不到：每一代的影響都要加在現在這一代上的。而且尤其是因爲遺傳的連鎖不僅是一種影響的連鎖，并且是有機的，這個我們後面就要談到。

# 第一節　生物學上的遺傳

遺傳的連鎖不僅是把兒子和父親連在一起而已；比較這個要廣泛得多了。牠不僅是父子的家庭的，而且還是社會的。

這是應該要我們回想一下的：那是我們每個人都自然地有一父一母，上溯一代，有兩祖父兩祖母，再上一代，就有四曾祖父四曾祖母，這樣地一代一代加上去。假如我們算一算這個溯而上之的幾何級數，那麽在十代上，每個人都有二千零二十六個祖先；二十代上，就有二百零八萬；到了第二十四代——姑且不要再算遠了吧——一個人的祖先數目，已經超過三千三百萬。然而二十四代，并不是怎麽樣多的「代」數；假定每三十三年算一代，二十四代所代表的年數，只是統計學上所應用的短短的一段時間，只不過七百九十六年，還不到八個世紀。而八百年的時間，僅是十字軍開始到現在的那麽長久而已。這不是怎樣遠的一個時間，好像就是昨日！

是則我們每個人所有的祖先，較之那個時候的法國居民還要多，因爲當日法國的人口還沒有三千萬人。這種表面的與事實不符，是很容易解釋的，因爲每個人的祖先很常混同，那同一的祖先每在許多不同世系的譜中發現。

這且不去管牠。但是這裏所產生的結果，是每一個人的血根伸進到全國的最深入的處所去了，互相交叉錯綜着，有如一副密網。

假如我們看重算學的數字，我們很可以說今日的每個法國人的血管中，都有幾滴全法蘭西領土內的法國人的血液。

不過這種說法，不免有點大誇張了的嫌疑，因爲全國有好些不同的階級之分立，而在這各種不同的階級間除非特別原因，是沒有婚姻上的交雜的。羅馬法學家的所謂："Jus Connubii"是不存在的。貴族不和農奴結婚，就是在大家都提倡德謨克拉西的今日，布爾喬亞的女兒還是不願嫁給一個工人，那種事情只有小說中可以找到。

然而這是無傷于遺傳連鎖律的：其所表示的，只是個人的根雖不伸張到全國，至少伸張到本階級的整個範圍之內去了，而且祖先的人數，因此既受了相當的限制，個人的血液之根的交錯更加利害，成了一種眞正的密網。

譬如就說猶太人吧。他們四千年來，除了少數例外，都是互相結婚。每個猶太人所有的本種族的祖先之多，也就可想而知！猶太人才眞是大集團的產物！

這裏有什麼影響可以發生呢？都是在每個家庭之中，每一行省之內，每一國度裏面都有一個某種的生理的類型。

假如我們只着重在父親的遺傳一方面，似乎應該相信由一男一女而生的每個人之彼此間的差異，是會確定出來，而且將一代一代地變得更顯明，如是一步一步地走向個人的差異之增進的道路上去的。

但是事實幷不如此。爲什麼？因爲在每個人的身上，父親的或母親的遺傳，只佔有很小的一部份；而決定他的性格的，卻是爲數無量的那一羣祖先——甚至於最遠的祖先，幷且正是這些祖先使之歸到一再適得其中的類型。

人們以爲一個身材高大的男人和一個身材也高大的女人結婚所生下的兒女，一定仍是高大，幷且因此漸漸地可以造成一種巨人的人種；但是幷不如此一個高大的人的兒子之所以不一定常是高大——偉大人物的兒子也是偉大人物的事情來得更少！——乃是他從父親方面所繼承的天稟只十分之一，而從共同祖先繼承下來的平常卻佔十分之九。

如今這條定律已經是公認的事實了，當父母的身心上有了某種新類型的偏差時，這種偏差雖也在兒女身心上發見，可是只有這偏差的三分之一或一半罷了；此後的各代，這種偏差的成份還要繼續減弱下去，弱到慢慢地消滅得找不見了，有如海中所起的一個波浪，終至落下來遠到公共的水平面。

而且還有值得我們注意的，是對於人種不能和對於動植物之種類一樣，有方法把那種差異固定下來。我們都知道畜類的養育者和園藝的栽培者，可以用交配獲得一種眞正的新種，或者至少總可以使這獲得的差異固定下來變爲永久的差異。在瑞士可以找出一種皮上有紅白斑點的乳牛和耕牛的新種，叫做愛滿達爾種（Betail de l' Ementhal），被認爲牛種中之最優良的品種。園藝家用交配的方法，可以獲得毫無子核的橙子與葡萄。但是這種物種——也可以說這樣怪物的製造，從沒有在人種方面有所成就。

皇家都是互相結婚的。歐洲且有幾個王子的家庭，專門擔負供給純血的王子與公主之「再生產」那一種偉大的任務：那是布爾邦皇室（Bourbons），哈布斯堡皇室（Habsbourg），荷亨左崙皇室（Hohenzollern）或德國許多小國王的後裔，所以人們看見尖長而向前灣曲的下顎，就知道那是哈布斯堡族，從鼻子也可以分辨那是布爾邦族，然而終究不能說皇室的類型是被創造出來的，有如伯爾奈尼士（Berénice）談到梯突斯（Titus）時所說的一樣：

儘管上帝把他誕生着在那一處黑暗之中，

世人總能一見就認識那是他們的主人翁。

我上面所談到的猶太人也是如此，即使他們的面貌在某種情形之下，能夠讓我們分辨出來，仍沒有形成一種使我可以稱爲特殊種族的東西來。這是已經有人提示出來了的事實；雖然自從亞伯拉罕以來，他們就實行割禮，可是卻沒有一個猶太人生下來就沒有包皮。這是因爲遺傳是不能把人們所稱的那種後天的性格傳下去之故，卽是說誕生之後偶然所發生的生理的、道德的、知識的差異不在遺傳的範圍之內，至少根據生物學家的說法是這樣的。

然而對於畜類，似乎他們卻又很有這種可能，而且那種所謂動物的本能也似乎正是某一個時期所養成的後天性格。

不知道閱者可曾留心到犬在睡下去的時候，總要先在那裏轉幾個圈子的這事實？我們定會曾想過爲什麼牠們有一種這樣的習慣，自然科學家的答覆是：「這是因爲蠻日——不僅是史前的蠻日，而且是地質學上的蠻日，犬是住在荒原之中的，在這種荒原的草上睡下去之前，牠們總是打着圈子去做一種像窩一樣的東西；正是這種習慣被牠們保留下來了。是則這也是一種後天的性格，在本能的方式下而被遺傳的。」

家。

但是這種問題，只不過順便提起一下罷了，不能去詳細討論，因爲著者不是這種問題的專門家。

我們所應知道的，只是這種無可否認的事實，即是每個個人都是一路無限長遠的祖先之產品，是這些祖先把每個個人造成了他本人所具有的一切。

## 第二節　社會的遺傳

「社會人」和「經濟人」也和「生理人」一樣，其不同之點，爲這裏遺傳不再是血液方面的問題；而是教育遺產、傳統遺產的問題。

我們在這裏仍然可以說，今日的「社會人」是能夠獲得牠的祖先們之所有的，而且不僅是因承繼而接受了一注現成的財產之人如此，就是無論什麽人，都接受了一種前人所賜予的，廣泛得無涯際的遺產，那些我們藉以取得舒適生活、娛樂、遊戲、教育、醫藥等的財產，而我們自己所加於這個無邊的遺產之上的東西，不會較之一個河流所加於大洋的水有更多的貢獻。

試想想過去對我們每個的功績多麽大！即以言語而論，已是如此。有什麽人敢說他的語言是他自己的發明，或單是說對於語言有什麽補充呢？法蘭西國立研究院有時在字典中加上幾個字；但是這些字并不是研究院的諸先生所創造，卻是來自民間；這是俗話中的字眼在語言中取得了地盤；這是集體的產品。

再看宗教吧！凡是有一種宗教信仰的人都是和過去緊緊地繫在一處的，誰個舊教徒能自誇對於舊教教義有所補充呢？誰個喀爾文派（Calviniste）能自誇對於信心的懺悔有所補充呢？誰個猶太人能自誇對於聖經有所補充呢？假如眞欲有所補充，卽因這種事實的本身，使他已變爲邪教異端，而退出了他的那個宗教。

宗教這字"Religere"本身的意義，就是連繫在一起。其所表示的不僅是活人間的這種連鎖，而尤其是活人與死人間，塵世的活人與天堂的活人間的這種連鎖。

財富也是社會的一種創造。無疑的，製造家——工人更不消說——用自己的手製成一種產品，并且以爲那是他的個性的表徵，無論社會黨人怎樣用盡了鼓簧之舌，也不能使他承認他的產品只是集體的成績的那種理想。然而他得細心想一想才是。原料、工具、方法、手段、使用方式，無一不是由祖先而來。無疑的，假如工人是聰明的，他曾可以加上一點什麽，然而很少有什麽大不了的東西。

這不是說——這種誤解是應得避免的——所有一切組成我們生活上的舒適或整個生活的物品，都是一些舊的東西。不，舊的傢具，收藏的古物，無論牠們在今日能夠有多大的額外價值，其在整個財富中所代表的只是九牛一毛。那些能夠滿足我們的享受之物品，除了房屋以外普通僅能經過一個短短的時期，還不及人類的壽命那麼長，而且就是房屋也不見得常能和人類壽命相較。

過去所遺留下來的，不一定是物品的本身，而是製造的方法，和這種製造品的適當用途。就把飲食來作比方吧。我們台子上的食品天天不同，但是菜單上的「爾黎時里留裏脊」（Filet Richelieu）「蘇必斯蒜芋糊」（Pulée Soubise），「聖日爾曼湯」（Potage Saint-Germain）都是一代一代傳下來的佳肴。

造成財富——或者更不如說是價值——的東西，是需要。可是一切的需要都是一個長遠的過去所創造成的，不消說，一層層的新的需要，是一天一天增多起來的但是增進得非常之慢。

大家總以為至少發明家的個性是會特別與衆不同地在發明中表現出來的。發明是在作出一種空前的新東西。是，不錯。但是這種新東西之得以產生，必是這發明的工作正落在已經預備好的環境之中，必是有了可以接受這發明的成熟了的環境。

證據吧，那是常有人提示過的現象，即一種新的東西每被幾個人同時發明。

微分的計算正是同時由牛頓（Newton）和萊布尼茲（Leibnitz）兩個人找出來的。

發現水星的人，也是同時有兩位，一位是法國的天文學家樓勿利爾（Le Verrier），一位是英國的天文家亞丹姆（Adam）。

法國拉禾阿西爾（Lavoisier）和英國士里斯特萊（Triestley）瑞典雪耳（Scheele），三個人同時發見了水素。

還有在我們比較更熟悉的科學方面，有最後效用或邊際效用，那三十年來被看做價值之古典學說的經濟學說，至少同時有四個父親：法國經濟學者瓦拉士（Walras），美國經濟學者克拉克（Clark），英國經濟學者傾文斯（Jevons），奧國經濟學者卡爾門雪（Karl Menger）。從歷史上的時期看來，他們四位都有權說那是自己的發明。

這可以證明「發明」這個東西，有如人們所說的一樣，是掛在空中的，這就是說發明家只要撥動一下弦子，社會環境也就和着共鳴起來。

還有一個相反的證據：一切來得太早的發明，都會掉下去，都會失敗。卽如最後效用這個學說，三十年前已經爲德人哥森(Gossen)所發見了。但是沒有人注意到這個。一直到顗文斯和瓦拉士從新發見這個的那天，還沒有人疑會這只是舊事重提，後來才知道這些發明家是有一個爲人所不知的先驅在。

目下爲人所推崇的任何詩人，假如在五十年以前就寫了他現在寫出來的東西，定不會有人懂得的！

是則個人的發明和集體的社會進化之間，是要有一種諧和，一種一致才行的。

大家都知道有一個爭論得很長久的問題，卽是到底是時勢造英雄還是英雄造時勢。這個我們不想有什麼討論。不過說英雄只能在一種適當的時期才可以產生，是絕對不會錯的。假如拿破崙不是生在法國大革命的前夕，不見得定能變成法國的總司令，而爲法王效勞。

這種社會連鎖的方式這樣地令人觸目驚心，所以在連鎖學派誕生之前就爲各時代的人所留心到。我們法蘭西學院的一位同事易楚累(Izoulet)教授在他的近代城市(Le Cité Moderne)

一書中曾用了一種很精短的句子常常重複地說：

「自我是社會的產品。」

他并且用了這樣的句子比較詳細的闡明他的這種方程式：

「在孤立的狀態之下，人是既不思想又不說話；靈魂乃是城市的女兒。這是極關重要的眞理，影響所及，二十世紀以來歐洲人之觀察的和感覺的方式，實在可以說被這種眞理完全推翻了。」

這誠然是一個觸目驚心的方式；然而并不是想減少我們的這位有名的同事之功績，我得說這個相同的思想，已經很常而且是在同樣的句子中老早被表白出來了。本來我們剛才談到的那種現象既是這麼樣的多，又如何能夠逃出思想家的注意呢？

一八六一年已經有一位哲學家古爾諾（Cournot）——也是一位經濟學家，創造數理派經濟學的正是他——在他的人類信仰基礎之研究（Essai sur le Fondement de nos Croyance）一書中曾寫道：

「個別的人及其爲人所知的才能，乃社會生活的產品，而社會組織正是他的別的才能之出現的眞實的有機的條件。」

這確是同樣的思想，而且用的是同樣的句子，不過句子的組織方式比較地不具體化，因而不大容易引人注意罷了。

就是囂俄（Victor Hugo）在他的爲人共知的一段文章中，也是這樣說：

「我們中間沒有人可以用生命是我們自己的一語以自詡。我的生命是你的生命；你的生命是我的生命。你以我所生活的而生活。請試拿了這面鏡子再去望望你自己。呀！相信我不是你，才只是無根據的瞎說！」

末了假如我們再向更遠的過去一加探討，我們可以說連鎖主義的一個最初創造人，是使徒聖保羅，我們在致哥椄多書簡（Epître aux Corynthiens）中（註三）可以讀到：

「你和其他一切人之差異，從誰而來呢？你有什麼不是你接受了下來的？假如那是你接受了而來的，那麼爲什麼你要對着你這個加以贊揚？」

## 第三節　錯綜的遺傳

可是時間上的，那把相繼各代結合在一塊的連鎖，是有兩面的。一面是被動的連鎖，那是我們上邊已經討論過了的，在這種連鎖之下，個人對其祖先的過失要負責任，對其祖先的功德也可以享利益。另外一面是自動的連鎖，這種連鎖與前者相反，個人影響他的後裔，而爲他們後裔的命運之主要因素。

我們重新從生物學方面去觀察一下第一種連鎖。個人怎樣是過去的無限的根之末端，前面已經說明過了。

但是每個個人不僅都有雙親、四祖、八曾祖等等，而且也很可以有——就是生育頂少的法國也不是例外——兩個小孩，到了第三代又有四孫，第四代就有八個曾孫了，我們什當祖父母的家庭之内，每于節日可以看見一張長的飯桌之旁圍上了五個二十個孫及曾孫，即以法國而論，也不少這種例子，我就看見過有五十個孫及曾孫的家庭。

我們每個人都可以彼此同意地有如耶和華對亞伯拉罕所說的一樣去說：「你將是無量的一羣人的父親。」

是則每個人都可以用這個血統樹的圖來表示，個人就是樹幹，站在兩個分枝之間，一枝向上，一枝向下。

假如從過去言，個人只是站在純然被動的地位，應接受祖先所賜給他的影響，但是在某種情形之下，他變成了跟着他而來的廣大的後裔之根源和負責任的主體。

那末個人只是一點，不過不是平常的一點，而是兩個無盡——無盡的過去和無盡的將來——的交叉點罷了。

個人不因遺傳的連鎖一事實而有所損失，因爲這個同一的連鎖把那在個人身上所取去的又還給了個人。

有人說：我是社會的產物。說是社會的產物，那是不錯的。但是實際上不應再用「我，」因爲每個「我」都要變成一個「我們」的。「我」這一個代名詞應該留給國君王侯及世界上的偉大人物，意謂他們每個人的行動遠非個人的行動所能幾及，而影響于千萬人——因了連鎖這個事實，我們每個人都得取之以爲己有。

（註一）你眞大可不必否認你是一個不幸的種族中之一人。

「是的，從血統方面言，亞特雷和梯斯特（Thyste）確是你的祖先。」

克里鄧勒斯特爾在爾拉辛（Racine）的悲劇中是這樣地責罵亞咖瞞孫。

(註二)同樣的遺傳的連鎖之悲劇，由易卜生用劇在近代舞台上出現了，這個於前面，我們已經說過。

(註三)Premiǝre Ep tre, Chap. IV, V, 7.

# 第六章　連鎖——社會債務

## 第一節　準契約學說

我們在第一章說過雷項布頤亞是創造連鎖主義頂有功勞的一個人。雷項布頤亞既不是哲學家，又不是經濟學家，甚至也不是法學家——雖然他給了他的學說以一種法律的形式——卻是一個政治家，急進社會黨的領袖，而且正因爲是這個政黨的領袖的關係，很想找出一個使他的黨既能與個人主義有別，同時又能不爲社會主義所吸收的綱領。他相信這個適得其中的綱領，恰好在連鎖主義中可以找到。

他用了這樣的句子，指明着這種學說的構成：

「說連鎖的自然律之認識，可以使我們完成一種人類社會人與人間的整個權利義務的學說，是不會錯的。」

最使人觸目驚心的連鎖事實，是我們在前章所談及的那種遺傳的連鎖方式。因爲世代相承的連鎖關係，每個人生下來就變成了整個的過去之債務人。雷項布碩亞正是從這種理想出發，用了如椽之筆，把他的學說闡揮引證。我們可以在這內邊重新找到我們在前面已經引用過的巴士幾亞的分工論；惟是巴士幾亞所說的特別是個人對其同時代的人所負的債務，而雷項布碩亞則謂每人對其前代的人負有債務。

「小孩自斷母乳以後，卽完全和母親分離，而成爲一個判然有別的個體，生活所必需的食物來自外界，他是一個債務人。無論何種動作，無論求何種需要之滿足，每次要運用他的新生的官能時，都不得不從人類用以積累各種有用之事的廣漠的儲蓄器中去發掘。

「他的食物，他所消費的每種食物，都是債務……他的還不正確的言語，又是債務；他唇上所產生的每個字，不論是學自父母抑或是學自師長，其爲債務則一。書籍工具，更是其價無比的東西，還是債務……腳下每步所踏的道路，乃萬人辛苦甚至萬人犧牲了性命平山谷塡池澤所造成，仍是債務。車輪每轉一次，也是債務……對一切留下這些遺產的死人，對一切以其勞力將不毛之土變爲肥沃之地的先人，負了債務。對一切有發掘萬物所蘊藏之祕密的那一種思想之人負了債務。」

這種以人類生下來就對人類負有一種社會債務的思想，并不是新的。不知有多少人已經先雷項布頎亞說過，在卡爾羅廣場（Place du Carrousel）所立的甘姆貝搭（Gambetta）紀念像的座子上，我們可以讀到這種句子：

「我們是能賴先人遺業中的可贊美的儲積，去獲得所謂教訓和教育那一種獨立的超越工具之有幸運的青年。」

「我說那一天正是我們締結債務契約的一天，我們要否認這種債務，就是陵辱了人類所應該共同遵守的法則中之一個最神聖的法則即社會的連鎖。」

這是甘姆貝搭在公元一八七〇年四月十九日的演講中之一段。

遠在甘姆貝搭以前——而且這是雷項布頎亞自己提醒出來的——與連鎖一字結了不解緣的孔德，就每于談到連鎖尤其是談到時間的連鎖時，也表示着同樣的意思，而且句子雖短，力量卻大：

「我們生下來就對社會擔負着各種不同的債務。」

但是在這些肯定的語句中，債務一字只含有義務一字的不大確定的意義。

雷項布頓亞卻取了債務一字的本義，正式地給了牠一種法律上所具有的意義，把牠由道德的範疇歸到民法的範疇中，指出這是一種真正的債務，既有債務人也有債權人，還有必得償還的實施辦法。

但是一個真正的債務，先就應該有法學家所說的債務成立的條款。法律上的原則，凡是債務非根據合法的條款，不能成立。這種條款普通是雙方的意識，而這種意識之表示，有其一定的方式，或是法規，並且或是刑律。

那末這個連鎖債務的法律上的條文何在呢？牠是沒有雙方意識的表現的，過去的人和現在的人之間，既沒有任何契約，也沒有什麼遺囑。

一切的債務都得有一個債權人，連鎖債務的債權人何在呢？

要說這種債權者就是前一代的人嗎？那末他們已經不在這世界了；他們能夠要求什麼呢？

一切的債務都得有一個裁判，這種社會債務的裁判又在什麼地方呢？什麼法院能夠執行這種裁判的職務呢？

雷項布頓亞是懂得這種困難的，而且曾經設法去解決。他的答覆是：有的！所有這些爲真正債務所應具的要素，在社會債務中都齊備了。

先說條款。同意與意見的交換雖是沒有，但是雷項布碩亞答道：這不是非有不可的。事實上確也如此，假如你把法國的民法打開，你就可以在第三編債權編內找到無契約的契約關係一章，在這一章裏第一千三百七十條的規定是：

「某種契約關係得無任何契約而成立，權利義務兩方均不必有所表示。

「此種契約關係有專以法律之權力創設者；有以個人事實爲原因而自然產生者。」

跟着還有十六條，把這種沒有契約的契約關係之不同的種類列舉了出來。

其中所列舉的有一種是事務的代理。當一個第三者沒有徵得他人的同意而參預他人的事務時，這第三者對他人的權利和義務關係，卽從此而生。假如我聽說我的一個不在家的朋友家裏來了盜賊，而且將門打破了，于是我自動爲他請人把門修好。這種做法，雖然先前沒有契約，但是我的朋友對于我卻應該償還那代墊的款項。

其中也有一種是「不當的權利之退回」假如我誤付我所不應付之款，接受此款的人應該退回給我。

séparé外的一種是同一遺產的諸承繼人；他們因事實而結合在一塊。

我們還可以舉出目下一個常見的事實為例，即同在一座建築物內購置一所住宅的諸人，因為都是某一座建築物的共同所有人，事實上為一個連鎖的權利義務——法律的連繫所結合，以共同肩起這座建築物的集體負擔。

而且最值得我們注意的無契約的契約關係，是法國民法第一千三百八十二條的規定，這是一個有名的條款，根據這個條款，無論何人對于他人有所損害時，均應負賠償之責——而且這種損失的行為不一定要是本人的過失。

這是頂重要的幾種情形，實則還有不少的無契約的契約關係存在，有的法學者且說其數無窮。

因此，雷項布頎亞說：這些條文正可以應用到我們的這種情形上。這是他的學說所以稱為「準契約說」(Quasi-Contrat)的原因。根據雷項布頎亞的主張，我們竟可以說法國民法上所條舉的例證，含意義擴充一點，確是完全和社會債務的情形相吻合。

說是事務的代理嗎？——所有我們的先人即已經為我們辦理了我們的事務；而我們所辦理

的事務又是先人爲我們遺留下來的事務。（他們常是辦得很壞，那是眞的。）是則我們對我們的先人言，是欠了他們的債，而我們的後人，對我們而言，又要欠我們的債了。（註一）

說是不當的權利之退回嗎？這就是說因他人而致之富應該退回本代人的財富就是由過去而來的，那末我們每人都是因他人而致富。

繼承同一的遺產或住在同一建築物之內的連鎖嗎？啊！這正是可以應用到過去的偉大遺產上去的連鎖。我們大家都是這個遺產的共同繼承人，我們大家都是住在同一城市同一國家中這個共同房屋內的同居者。

所有這些，豈不是可以說明這種社會債務的準契約也和民法中的準契約一樣有其堅固的法律基礎嗎？

那麼人們所欲尋求的社會債務之法律上的條款，已經有了。

但是人們還要問誰是債權人。對于誰是債權人的答覆，較之前面那個問題的答覆更爲困難剛才我們說是債權人是我們的先人。但是我們的先人已經物化，那末只能說是他們的權利繼承人。是的，惟是他們的繼承人就是我們！那麼豈不是我們竟是處在同時既是債權人又是債務人的奇怪地位，而成爲互爲債權人及債務人的關係，致使事實上有如法律上所說的混同債務，因混同而消滅嗎？

富項布爾亞毫無難色，很聰明地答道：我們本是已經過去了的債權者的承繼人，但是我們各人的地位，很不一致，而且分成兩個不同的門類；因此，在這些承繼人中，一部份是債務人，另一部份是債權人。

那些人是債務人呢？這是在遺產中所接受的多過他所應當接受的部份之人；我們可以說這是那些接受了不當接受的權利之人！

那些人是債權人呢？這是那些沒有接受他門所應得的部份之人，這是那些「剝奪承繼權者」，這個「剝奪承繼權者」一詞，雖是純粹文學上的名詞，然而其所表示的意義卻是一種眞理。債權人正是他們。

這種主張是說當有的特權者對其同時代的受祖先餘蔭較少的人負有義務；說所有權以及社會附屬創出了義務，并不是新的思意，甚且是一種很老的思想。

我們在福音書中已經可以找到：「對于受取多的人，要求亦將多。」(Luc, XII 48)

在封建主義時代一切關于所有權的理思均建基于此種思想之上。封建主對其封建諸侯與對其農奴是有一種義務的。這是用了一種漂亮的方式表示出來了：貴族有義務。我忘記了曾經在一本什麽書上，讀過一段關于封建制度下一個封建主的這種思想的記載，瓦兒北兒（Valbelle）公爵在他的森林內遇到一個負着沉重擔子的樵夫，自己也來幫助樵夫將擔子扶上肩，并且代他挑着；當這個農人跼促不安地去向他道謝時，他說：「不是你有負于我；而是我有負于你，因爲我比較你富有。」這可見一個舊時的封建諸侯已經有了雷項布爾喬亞的連鎖理想。

我們敢說布爾喬亞的富人很有學學封建主的必要。

對于債權人在什麽地方一個問題，雷項布爾喬亞還另外有一個答覆。他指出別的一類債權人，那是我們的後輩，而非我們同時代的「剝削承繼者。」在前面所引的他的句子的後幾頁上，他說：「假如這種債務是和祖先締結的，那末我們應該還給什麽人呢？當然還給比我出世遲的後輩。我們對祖先負了把這個債務還給這班人的責任。」

這是我們剛才也已經說過的，但是我們得說這個問題現在愈弄愈糊塗了。剛才說是我們的債權人在「過去；」如今又變爲在「將來」了。這種債權在「現在」的頭上飛來飛去，頗有點令人無從捉摸。照理假如我們是過去的債務人，那末「將來」當然也是我們的債務人，不能又說那是債權人了！

當項布頓亞的意思，以爲過去的遺產，我們先得分一點給我們同時代的那些沒有分得此遺產的人——並且也得把這遺產保留以轉給我們的後代

我們現在要來繼續討論的是什麼是這種債務的裁判？因爲所有一切債務，都得有一種裁判。然而社會債務只是一種良心的義務，又從什麼地方去找裁判，但是自當項布頓亞的準契約說成立以後，也有了一個裁判：法院對于這種債務，因有準契約的關係，也和對任何債務一樣，可以令其執行。

但是法院怎樣使這種債務執行呢？怎樣估計這種債務的總數呢？而且這一羣債權者中，或是我們的後裔，或是我們同時代的「剝削遺產權者，」到底又應該還給什麼人呢？數目是多少呢？出錢的是誰呢？富有者嗎？有特權者嗎？好的，但是即是這班人也是無姓名可指的一大羣

然則這種債務，既無確定的債權人和債務人可以指名道姓，也沒有確實的數目！法院對此眞是不易處理，無從裁判！

這是蒲項布頓亞爲什麼不想進一步去討論的原因。他說，那是自然的，我們不能夠把每個人的帳目開出來；我們不能夠對老李或老張說他們每個人應該還多少，尤其不能說應該還老趙多少，老錢多少。我們只能歸成一筆總帳。蒲項布頓亞說，應該把這些債權和債務相互化。應該在那些除了滿足需要外仍有羨餘之人的所有權上爲那些無必需生活品以維持生命的人取得生活上不可少的東西。這樣的一種分配，不是向法院所能要求得到的，而是法律的事——在賦稅的方式下使之實施出來。

因此，這種社會債務的學說，其綱領在不知不覺中和社會主義甚至于和共產主義接近。所以很有不少的社會黨和共產黨曾經對蒲項布頓亞說：「你的路線找是找到了，但是不要留在半途不前進！既然說是相互化，應該把一切的財富和一切貧窮相互化。貧者對富者的債權，應該用富者財源之沒收——至少也當是資本的提徵——去執行的。」

但是蒲項布頓亞卻反對這種說法。他說：「特權者只應該繳納在正義上所應繳的而已。」那末正義所要求的是什麼？現代人對前代人所應繳的債務的最低限度的數目是多少呢？

蒲項布頓亞把這種最低限度的數目指出來了。他的實施計劃也不長，共總不過三條；以一種這樣複雜的學說，竟只有三條實施的計劃，殊令人不勝詫異。

（一）義務教育而且是各級的義務教育。近日來各報都很熱鬧地登載着關于中等義務教育的討論文章。一部份人反對這種主張，另外一部份人，那些急進派的領袖——現任教育部長就是其中之一個——則說不僅是初等教育應該是義務教育，中等教育也應該是義務教育，但是主張義務教育的，不知道爲什麽沒有人把雷項布頎亞的學說拿來作護符。這種學說的發生，其實去今不過三十年！

雷項布頎亞的主張確是認爲一切人都該有機會接受各級教育的，因爲境遇的平等，既沒有實現之可能——而且也不是可憐祝的——至少應該實現那接近的可能性之平等；每個人都得有一種美國人所說的機會平等——多麽一個好的字眼——的權利，每個人既是活在這個世界上，應該擁有他人所擁有的生活工具。

（二）擁有智慧方面的生活工具，那是好的，但是還覺得不夠；應該在經濟方面也有一種和他們相同的生活工具。雷項布頎亞對這點的主張怎樣呢？那是保證每人有生活上最低限度的必需品；同時擔保每人生活上所發生的危險——何況這些無端攻擊人類的災禍，常是連鎖的結果呢？

譬如失業或職業傷害或汚穢陋室中的肺病女孩，那一樣不是連鎖的結果！總之，社會連鎖的裁判將即是社會的保險。在這一方面，雷項布爾亞的學說也是目前大家所欲推行的學說，因爲我們知道法國上議院已經通過了一種社會保險法，下議院也將在休會之前討論通過。

(三)至于繳付社會債務的方式，是由有錢的人納稅國家，而且應該用累進稅的辦法。因爲我們所擁有的生活活動工具愈有力愈完備，從社會設備中所得的利益亦愈大。

這是雷項布爾亞學說的大綱。

假如在最近幾月之內，國會能夠把中等義務教育和完全社會保險通過，也和已存的赤貧的義務救濟及累進稅一樣由國家執行，那末雷項布爾亞的主張可以說是差不多在法國完全實現了。但是離我們在本章之首引用的那句「連鎖可以使我們完成一種人類社會人與人間的整個權利義務的學說」所表示的希望還有相當的遠。

## 第二節　準契約說的批評

這個學說經過若干年的膾炙人口之後，到今日漸漸爲人所拋棄了。

這其中的原因是這樣的。

第一是用債務一字去代替久已爲人所習用的老字——義務(Devoir)可眞是一個大的進步嗎？

社會教育會社一千九百年的大會中對于這個問題有過一個很長的討論，畢易侚（Ferdin-and Buisson）雖自稱是一個最熱烈的連鎖主義的信徒，可是當日就曾經和雷項布碩亞說：「以債務一字代替義務，在我看來，簡直是一個退步。」他在別的地方，還說那是「開倒車。」他相信債務較之義務的地位實爲低下。雷項布碩亞對于這個的答覆是：對字的意義是在于使之由道德的範疇內移到法學的範疇內來。

債務卽權利，卽執行，卽裁判，卽民法上的義務。

義務是意識的債務，執行與裁判的人，均是我們自己。富者給貧者什麼東西，因爲富者的心地好，福音書上的富者自己說他們是"Qulabonus"

他也說，幷且這裏的理由更充足：「人們以爲只有道德的地方，其實也有權利，人們以爲只有犧牲的地方，其實也有債務。」換言之，這種字眼的對換，很可以把許多我們以爲是純粹的慈善的行動由惠施的範疇轉到正誼的範疇。

從前在巴黎大學文學院教書，現在又在法蘭西學院講學的安得累教授(Prof. Andler)在這裏也有一個特別重要的理想：公的社會的義務可以看成是私人的債務。

次之即使我們承認社會債務的理想，但是要問爲什麽當項布爾傾亞一定要把他的這個理想建築在準契約的那種不十分堅固的基礎之上？我常想到究竟什麽人提醒了他這種理想。我幾乎很想當面問他一問，因爲雖然他當學生的時候，也念過法律，終不能算是一個法律家，我很懷疑這民法中的第一三七〇條是他自己找出來的，假如眞的是他自己找出來的，一定是出于偶然。

研究法律的人都知道準契約不是民法中的重要部份，不講學生就是教授也很少有人留意。考試之時，從沒有人在這上面出題目，就是自從當項布爾傾亞以後，也沒有人這樣做。

甚至于有的法學家從沒有用過這種條文，而且說準契約一詞簡直沒有存在的理由，說是這些條款中所列舉的各項，不應該放在民法中。

我們還要知道就是這個一千三百七十條內邊也沒有準契約的字樣，只說那是一些沒契約的契約，原文說：「有的來自法律的絕對權力，有的從當事者個人的事實而生。」後一句即是指的準契約。

爲什麽要在一千三百七十條所提之兩類契約中單單揀選了那一類比較不大適用的呢？富人對其同時代的人或其後代的人之債務，幷沒有債務者性質之個人事實在呀是則要把牠歸在民法的準契約中，不免要兜多少無用的圈子。應川前一句：「有的（無契約的契約）來自法律的絕對權，」不是更好的解釋嗎？不必把問題弄得那樣複雜，只要說：社會債務，直至現在沒有把牠當一件正經事情去辦，或者認爲只是倫理學上的問題，如今應該包括在一千三百七十條的定義下，幷從而取得一種實際的裁判。這麽就儘夠了！

工作傷害責任的規定，正是如此，幷不要想到準契約上去。

工作傷害之由雇主負責，從前也只是道德上的義務，雇主當日對于這種義務的履行，全看個人的義務觀念如何而定。

然而法律卻創立了一種職業的責任；從此而後，雇主對于自己的工人發生了工作傷害之時，幷不要勞資兩方有什麽契約，而且不管雇主在這方面有沒有過失，傷害之責，均由雇主擔負。

雷項布碩亞只要把這個新規則普及好了。那不是簡便得多嗎？

爲什麼他沒有這樣辦呢？

第一是因爲他想（想得有道理）這個法律上的名詞可以使他的主張既新穎而又有一種權威要使一個理想能得人信仰，最好是用一個人家不大了解的字眼。在一切的倫理學入門的書籍中，這是刺激人們好奇心的一個字眼，假如用了社會債務，一定不會能夠那麼地引起人們的興趣。

次之，尤其是因爲蒲項布頓亞雖是急進黨的黨人，卻是一個自由學派的信徒。他的連鎖學說據他自己的說法，是應該把社會組織更新的，如何願意把牠建立在法律之上，限制之上呢？他所願意要的基礎（這是一種很高尚的企圖）是「同意。」他希望這種連鎖的債務不是一種單單帶有強制性的東西，而是如同他自己所說的一樣，應該用「追認的同意」這種可愛的字眼表白出來正是爲得這個，他才想到準契約上去的，因爲這個準契約一字的本身，能夠使人想到「同意。」然而這只是表面上的看法，事實上并不如此。下面是他對于這個問題的解釋：

「假如他們（社會各成員）很平等很自由地表示了意見，則法律對于他們中間的這種條件（債務之支付與執行）之規定，應該只是他們彼此間預先成立的同意的一種註釋和表現。是則同意的假定，正是由他們的自由的平等的意識而來，而這種自由的平等的意識，將就是法律的唯一基礎。準契約不會就是追認的同意之契約。」

再遠一點他又說：「社會上的事情應該是今日的人——這種社會的各成員能夠從社會的出發點去改造社會，並且把自己的條件提出來以爲改造的基礎；假如他們可以提出自己的條件，那末一定沒有人願意于他們的最低限度的生活沒有保障以及在個人地位之提高上沒有和他人一樣的平等機會之時接受加入這種社會。」

但是每個人加入到一個社會中去之時，均可以預先提出條件，那麼我們怎麼知道他將提出一些什麼條件呢？而且卽使他所提出的條件，只是一些關于改造爲社會的條件，然而假如你也有條件，我也有條件，社會到底根據什麼人的意見好呢？這眞是一個難以解決的問題，把我們又引到盧騷的民約論上來了。

安得累教授，（註二）是準契約說的一個熱烈的信徒，我們前面已經說過。但是他雖然信仰準契約，卻不願意保留一切預示同意的理想。他說：是的，我們應該承認社會債務的存在，甚至于主張富人階級應把不當得的財富退出來，但是我們應該把雙方同意的這一種理想拋棄，這是應該用法律來解釋的。

惟是這裏所打擊的只是準契約說的推理方法，實際上還另外有一個打擊來搖動這個學說的本身。

社會和平的綱領是怎樣建立的？說是建立于一個全人類社會的個人互爲債權者債務者的整個權利與服務的學說上嗎？然而這種學說正是再和社會和平不相容也沒有了！俗句說得好「交財不交義，」假如你想和一個朋友反面的話，那你就借點錢給他；這樣卽刻一個成了債權人，一個成了債務人，彼此再不想擡頭了。債權人和債務人，也和所有權人對租佃人，雇主對傭工一樣，彼此都是社會上一切衝突爭執的來源，都是敵人，至少他們的利益互相衝突。所以我們不應該使其普遍化，卻應使其消滅，從這種關係的消滅上才可以找到社會問題的解決——合作正是用的這個辦法。

準契約說那樣去解釋社會的關係，是把社會建築在利益的衝突之上，而且既然凡是債權人就是貧者，債務人就是富者，把事情弄得更殭了。這竟是爲馬克思主義的階級爭鬥學說張目！最奇怪的是革命黨竟沒有想到把這種學說佔爲己有，而印出一張動人聽聞的街招出來，實際上這麼一種把社會分爲兩個階級，貧苦的工人階級富有的資本家階級的學說，是牠的最好不過的護符。

當然雷項布爾喬亞是沒有這種存心的，非惟沒有這種存心，而且他以一個絕端的布爾喬亞的和平主義者，還同仇恨國際戰爭一樣地仇恨社會戰爭，不願意因此創造一種社會戰爭的局面。但是他的制度，卻使他無可避免地變成了這樣一種社會戰爭的宣傳人。

爲得避免這種物議，他有一句話說得好。他說，等到債務階級如數繳了所指定用爲各等學校義務教育及社會強迫保險的必需的賦稅之後，那末債務階級已經盡了應盡之職，正義應不許對他們有過分的要求。

但是這種賦稅的限度，是雷項布爾喬亞所規定的，債權者很有把這種限度放低的可能；而尤其當債權者佔大多數之時，他方面債權者很可以把資本所有者的資本取了過來，而說那是一種正當的要求，並不是什麼沒收。

在歷史上我們也看見過把人民分爲兩個階級：債權階級和債務階級；羅馬民族就是如此。但是局面和我們上面所說的適得其反：債權人是貴族，債務人是平民，平民以工作來繳付他們的債務，或者間或跑到阿溫丹山上去造反。

雷項布須亞的制度卻不然，他的制度我們應該承認比較羅馬的要人道得多了；但是仍不免是一種社會戰爭的局面。從正義方面言，雷項布須亞的這種制度，是不是可以令人滿意呢？不能的，因為設使承認社會的債權人債務人的分劃，而又以財富即每人的收入為兩者的分劃之標準，是很不公正的。這是純粹財政上的一個觀點，而沒有一點經濟的基礎，因為到底什麼人才可以劃歸債權人，什麼人才可以劃歸債務人呢？

真正的債權人將是那些對社會付出多而收入少甚至永無收入的人，那些在死後遺給社會一筆財產，使這時的社會較之他出世時的社會更富的人。

真正的債務人將是那些對社會支付少而收入多的人，他的工作，他的勞役和他的生存上所耗費的，在社會的簿記上是欠方超過貸方。

既然如此，那末說富者應歸入第二類，而貧者應歸入第一類，真是太不近人情！

像福特這一類的工業家，應該歸在那一類呢？把他歸在債務人的一類，認為他對社會所收入的比較他所付出的為少嗎？并且反把某一個懶惰蟲，某一個酒醉鬼，某一個不忠于職守的等等吃社會而毫不幫助社會的人歸入債權人的一類嗎？

誠然在富者階級中也有寄生蟲，甚至于遊手好閑不事生產是貴族的一個特性，那是不錯的，但是一個福特這樣的大工業家，賺的錢據說在萬萬元美金以上，總算給了社會一筆這麽鉅大的數目字所代表的無限的價值；不僅是他的工廠出了一千三百萬輛汽車，及因製造汽車而供給千萬工人以工作，使萬千消費者有汽車坐而已，尤其是他的生產事業的本身，能夠使各國的汽車價錢低落下來，叫每一個有汽車坐的消費者，多少都得感激福特。這裏福特還是受了很大的酬報的人。但是我們還另外可以找出不少的例子，有許多的發明和工業家雖然因他們的發明或企業而發財，并且大發其財，但是和他們所創造的財富相較，卻是微乎其微。

我們有什麽理由可以把這班人歸入社會債務人中呢？

反之，我們說是只要是貧人或無產階級通可以歸入社會的債務人之內嗎？誠然貧者中間有許多人是際遇的犧牲者，從這些命運的社會性格出發，我們自當對他們負起連鎖的責任。那是對的。但是即使疾首痛心于布爾喬亞的道德觀念，不承認他們所主張的貧苦乃懶惰及不知自處的一種公正的處罰的說法，卻無從否認貧苦階級中有一大部份人是既無能力又不事生產的人，他

們對于自己的生活毫不加以打算，對于社會所希望他們的可能的助力也不願意貢獻
我們又有什麼理由可以把他們看做生產的債權人呢？
即使把個人的問題放在一邊，從全體上來考察一下代與代的關係，說每代都是前代的債務人，意義也不顯明。我們的後代從我們所得到的遺產，是我們遺下給他們的那三千萬萬法郎的債務。在這種意義下，無疑地他們成了我們的債務人，然而這將不是當項布頤亞所說的債務，那個因受了人家的服務所生的債務！
每一代遺給牠的承繼者包括貸方與欠方兩項：欠方超過貸方常是可能的事！但是承繼的那一代不能說只在結算之後有利益才接受。

## 第三節　互助化學說

當項布頤亞自己也發見了這種缺點，而且很聰明地把他的論點修改了。這已不再是「準契約的學說」了；而是「互助化學說。」「互助化學說」一辭雖是較之準契約學說使一般人覺得不是怎樣地動聽，而且簡直不大有人留意到，然而卻是更完備、更足稱道的學說。

根據蒲魯東的說法，契約中有三個步驟。

第一個是「個人的契約」即是說交易；這是有種種不同的形式的，而且大家都知道：借貸、租佃、租賃以至于工錢制都是一種交易。

這種契約方式的特徵，是絕對的正義，是平衡的正義，天平的兩端，重量相等，就可以平衡。這是一還一、二還二的學說：我之所以給你，是要你也給我，我給你半斤，你得給我八兩。這正如一個合人膽寒的比方「一齒還一齒」一樣，是已由刑法中的殺人者償命移來應用于經濟界了！

但是契約的演進中有一種較高的第二級契約，那是取雙務的和兩方的契約而代之的集體契約；這已不是一個對一個的有點像決鬥的那種交易，卻是結合許多個人的結社契約。這種結社契約與前者不同之點，是不再應用各方股份的平等方法，因爲商業會社中或者甚至于合作社中，各人所認之股可以極不平等；所當遵守的只是分紅的股份比例制，原來結社的契約把一個對一個的態度，這種有一還一、二還二特性的利益的對立——這交易主義拋棄了。

因爲無論一種什麼樣的結社，從大公司所屬的最資本主義的結社方式到合作社這一類的反資本主義的結社方式，其社員間必得有某一種連鎖在，而這種連鎖，一直到這個社會解散之日，才能消滅。然而譬如在買賣方面，卻完全不同。交易一完成，就各自東西。一種交易行爲，是把陰陽二氣接合的工作；電光一亮，就此完結。

但是還有第三級，那是互助化。

譬如互濟社以至于一般的保險契約，即其一例，因爲互濟社也不過是一種對付疾病或衰老的保險會社。

這種契約又有什麼特別地方呢？那是這不僅不顧及股份的一致，甚至也不根據股分的比例來等待利益。一般的保險尤其是互濟社的特點，乃健康者繳錢給病人，青年繳錢給老叟，好人繳錢給殘廢，乃房子沒有被災的繳錢給房子燒成灰的，途中沒有受損害的繳錢給在江海沉沒的和在汽車中或飛機上燒成炭的。總而言之，有運氣的人繳錢給沒有運氣的人。

這裏沒有平衡存在了。無疑的，要使這種會社能夠維持，通常都得繳納一筆與償金相當的款子。但是從個人而言，在繳納之款與所得利益之間并不着重什麼平等。這是一種最高形式的契約，因爲這裏所表現的是在最完全的方式下的連鎖。

那末，將來的社會，那建基于正義上的社會應該不僅是對某幾種危害言才是保險的社會，而且應該對所有一切的危害，都是保險的社會。這是雷項布頓亞的原句：社會應該是危害的互助化。

(註三)

這是一種和前者完全不同的理想：這裏不再有債權債務之存在。

我們在這裏已經達到了這種超越的程度，在這裏人們不再想覓取給與之算術的平等中的正誼，卻是幸與不幸的連鎖中的正誼。

這個互助化的理論在名字和內容方面都很和蒲魯東的「互助主義」相近。但是實際上卻有一個重要的分別：即是蒲魯東的互助主義不僅是在于危險的消除，而且對于由那所謂資本主義的剝削物——如利息、地租、利潤所發生的利益，也認爲應在消除之列。

至于雷項布頓亞只取了互助化兩面之一：損害的一面而非利益的一面，這裏的互助化是富者分擔「剝奪承繼權者」的不幸，但是卻不主張貧者可以分佔富者的財產。

然而貧者之分佔富者的財產，不也是連鎖主義者理論的合于邏輯的必然結果嗎？雷項布頓
152 卻不承認，他說：「正誼所要求的唯一的東西是債務的繳納；除此以外，我們沒有任何別的權利。」
正是在這裏，急進社會黨的領袖不是集產社會主義者的同志。不過我們不要忘記的是因此他們

又回到債務的理想上，而把互助的理想拋在腦後了。雷項布爾亞的學說是頗有一點搖動不定的嫌疑的。

（註一）這個思想的力量的效用的資本……每代都只是牠的用益人，每代的責任，只在保存牠並且毫無損傷地交還社會。對於這點的更小心的考慮，使我們覺得說，每代應該把這資本加以擴大。

（註二）他並且很熱烈地用這種句子接受着：「一件事實發生了，這事實我們應該認為是法律中一個深入的革命……公法和私法的分別已經不存在了……法律解釋的這個基本的變化是應歸功於一個政治的戰士——雷項布爾亞君的」Andler, Revue de Métaphysique, juillet, 1898

（註三）是則一切人類對於他在其中分得了利益的會社，負有分擔該會社所擔當的責任之一種天然的債務存在。

# 第七章　連鎖與經濟學家

## 第一節　自然的連鎖

三十年前，我們的一位在法蘭西學院的傑出的前輩，政治經濟學教授保羅・樓羅張波利留曾說：「你想知道什麼是社會主義嗎？那你只要拿一個椋鳥來，使之無盡期地叫着這個字：連鎖……連鎖……一個社會主義者就站在你的面前。」

我在法蘭西學院一連兩個月唸着這個字不算，還要繼續唸下去，當然免不掉也要受到這種嚴厲的斷定。然而這種斷定有許多不正確的地方，因為連鎖學派在社會主義者中沒有找得多少信徒，而連鎖主義者的大部份更不是社會主義者。

加之經濟學家的態度，并不個個都是這樣強硬，并不個個都鄙視連鎖。我已經說過巴士幾亞——自由學派的首領，就是認識連鎖事實之重要的人，并且在一段我們經引用過的文章中把連鎖解釋得再明顯也沒有了。

「全個社會，他說：只是一個互相交錯的連鎖網。」

我們不能有再好的說法了。

實則在他之前，政治經濟學的鼻祖亞丹斯密雖然沒有見過連鎖一字，但是已經認識這種事實，并且再透澈也沒有地在他的書中陳述過了。他的這種已經給許多經濟學的書籍所引用的說法，在於指出怎麼人們，最簡樸的人，地位最低的出賣勞力的人也好，都是窮了他們的同時代的人或者他們的先人而享受許多——這是亞丹斯密自己的話——阿非利加王在他的野蠻的寵倖中所享受不到的幸福而舒適的生活。

是則經濟學家可以說：自稱連鎖主義者的人想要使我們有相信連鎖是他們發見的存心，殊屬可笑。這個已經被我們老早發見了，我們在連鎖主義學派沒有產生之前一世紀，就在傳授連鎖了；連鎖嗎？你們向我們偷了去的。這是真的，應得承認這種正義。

但是那末爲什麼當我們用來作我們的口號時，他們卻不願意呢？

他們中間的一個，戴時達（d'Eichtal）君，一個有名的經濟學家，多久以來就是政治科學自由學院（L'Ecole libre des Sciences politiques）的院長，國家學會的會員，來把其中的原因告訴你們：「多久以來我們卽忠于政治經濟學的教義，我們深愛眞正的連鎖，那立于利益交換、分工以及心的合一的連鎖，因而同樣拒絕法律的連鎖，那有連鎖主義一名的連鎖。這是今日的社會債務學說，牠明日將名爲集產主義。」

你看！自由學派的經濟學家對于連鎖是很想要的——但是不要連鎖主義——正和共產主義者很願要資本而不願要資本主義一樣。蘇維埃聯邦卽是後者的例。

巴士幾亞的一位弟子——也是自由經濟學派的一個領袖——巴喜在政治經濟協會中曾經說過：「眞的連鎖，乃自然的連鎖，那是從阻止牠得以自由運行的羈絆中解放出來的……」，這種自然的連鎖，用經濟學家的話來說，這種眞正的連鎖，第一是在分工的這種重要的現象中表現出來，這個我們在前面已經提起過，此地不再贅了。這種眞正的連鎖也表現在由分工而發生的交易中，這種交易在連鎖的觀點上正有可以贊美之處，原來人類正是因分工而離散了的，並且似乎各自東西，不相爲謀，而交易卻強令他們的利益接合交織在一起。

交易是兩對手方間的互相依賴，因爲本來兩對手方就是你也需要我我也需要你，兩個互易者都是贏了的，因爲他們中間雖然有一個用貨幣所度量出來的價值之平衡在，可是旣然彼此都對自己所獲得的，較之所讓出的看得貴重些，是都贏得了效用。事實上假如無所重視，交易也不能成立。

據經濟學家的說法，連鎖也表現在競爭中。驟視之，這不免有點覺得不合情理，因爲競爭顯然是與合作對立。不知卻幷不如此！競爭的結果正迫使所有的生產者，所有的商人，所有的製造家把他們的利益和消費者的、大衆的利益，卽全社會的利益打成一片。因爲在競爭的壓迫之下，每個都熱誠地爲人家工作，都竭力地好好服事人家——這是習用的方式。競爭是約制個人利益而使之爲全社會利益服務的最良的方法。牠把這兩種利益不分好歹地接在一起，牠使之成爲機械學上的所謂連鎖，正和連釬把活塞接在車輪之上一樣。

由價格和利潤之減低，競爭從生產者的不能自制的手中把他們所欲取爲己有的價值釋回來而分配給消費者，給全社會。(註一)

最不讓步的自由學派之一個主要領袖而且又是現在最年高德隆的(註二)居約君 (M. Yves Guyot) 雖然已經八十五歲，仍然用了一種令人贊仰的勇敢爲「競爭」而戰，他寫了一本叫做競爭的道德的小書，而爲我們當作一部傑作常常引用而且非常歡喜引用。他的主張，有如他的書名所指示出來的一樣，乃是道德所欲尋求的基礎或原則，幷不在連鎖之中，卻在競爭之內。

居約對于商人、製造家如何總是去偵察去猜度那些服務可以用來貢獻給他人的生活描寫得淋漓盡致，假如他是幽默的作家，他的描寫一定更是最機警的，可是他的態度雖是非常嚴肅，我們對之仍是一樣的興趣盎然。他們的精神貫注在如何能使他們的同類滿足；他們尋求那些買能使其同類快慰，迎合其同類的嗜好的東西，幷從新激起其同類的慾望——假如是飯館主人，就用飲食；假如是裁縫，就用衣服；假如是鐵路或電車公司，就用旅行遊記；假如是戲院，就用劇本：彼此辦法都是一樣。他們懂得自己的利益和他們的顧客的利益是連鎖的。他們的顧客富足，他們非常有利他們的顧客發財，他們非常有利。他們不是受了民主主義的情感以及社會主義共產主義之影響而如此的。一點也不是。當他們的顧主變成富足時，那就不啻是他們自己也變成富足了。原來這個人的財富就是由公共的財富所形成。

你要找一個公共利益和個人利益的連鎖嗎？這裏就是。

競爭的道德之所以較宗教的甚至于世俗的道德有一大的超越性的原因，乃是競爭的道德有一種別的道德所沒有的裁制。這種裁制幷不是將來的地獄，只是簡單的近在眉睫的破產競爭只有在這樣的情況下才不能如人所期的爲人服務，比方說當人們用關稅櫃或者用移民或勞動者移殖的壁壘來妨礙牠之時就是如此前者能阻止一國因他國的財富而得到利益，幷從而得到這種連鎖的好處，後者在于阻止勞動者移到別的能夠賺得較高工資的地方去。

而且經濟學家不說這種競爭的道德常是實現了。假如競爭是絕對的自由，他們可以說牠會要實現的。我們可以看到這是朝實現的方向走的。

在我剛才所舉的情景之外，經濟學家又提到資本和勞動間的連鎖自然的連鎖還從資本和勞動間的關係上表現出來。牠們不僅從牠們兩方任何一方不合作卽不能有所生產這一點上看來是不能分離的，而且資本的增大能發生工資增高的結果，這是美國工業彰明較著地用事實給我們證明了的。

## 第二節　經濟學家的批評

是的，經濟學家對連鎖主義者說，這就是自然的連鎖。你們還想把什麼東西加上去？你們藉口修正牠去想將牠破壞罷了。我們只要讀下面他們對于連鎖的看法所用的句法好了。

連鎖主義，乃是一切保護主義者的老調：爲得維護整個的、國家的利益，起來反對外國的競爭。假如消費者因爲人家阻止可以供給比較價廉的衣服、食品或機器的國家之貨物輸入而表示惋惜之時，就有人對他們說：不要說了！爲本國的工業或本國的農業而有所犧牲是國民的天職呀！

連鎖主義到處爲工會所援用，在罷工之時被工會援用，在對付沒有加入工會的工人并強使加入工會之時也被工會援用，在對付大衆因海員罷工致輪船停駛或郵員罷工致信件擱置而提出抗議之時，仍被工會援用。

不是無時沒有連鎖的罷工發生嗎？

連鎖主義乃是生產者間用爲創造托辣斯的諒解。那是年老或失業的強迫保險，這種強迫保險，甚至于連自己不願意或欲用別種方法去辦的人，也要加入。那是用納稅的款項爲某種社會階級的利益而列入國家預算上的補助金，因爲這也是以連鎖的名義去爲那些所謂貧人的利益在那些所謂富人的身上徵收的。

連鎖主義，卽使不是集產主義，至少也是國家社會主義，而且常是寄生主義。

連鎖主義的用以自恕的是藉口把個人利益當作全體利益的附庸，牠想以利他主義代替自我主義，從而使倫理學跑到政治經濟學中來。但這正是另外加上了一個錯誤。連鎖主義者由沒有人不要別人而能生活出發，歸結到一切的人都應該為他人而生活。但是在把這兩句話一對換的時候，乾脆地從政治經濟學走到倫理學中去了。而且經濟學家不止一世紀以來就倡導政治經濟學和倫理學是兩種教育，絕對不能混同。一個是利益的科學，效用的科學，另一個是善的科學，義務的科學。

經濟學家或者還要對連鎖主義者反問道：怎樣的！你們在交易中要每個對手方不顧自己本身的利益，而去關心他人的利益嗎？政治經濟學這種科學並不是這種東西！巴士殹亞就曾經在他的寓言中嘲笑過十分好笑地嘲笑過這種做法。他說：

「在這樣的制度下，將來的交易會是十分有趣的，這是我們得承認的。

——先生，商人對買者道，這張被單你只要給我十佛郎。

——你說什麼來，買者道，我要給你二十佛郎來買牠！

——但是，先生，這是再不作用的貨色了，已經不時尚了，用一兩個禮拜就要壞的。

——這是頂好的貨色，可以經兩個冬，顧客答道。

——那末！爲了得你的歡心，我加上五個佛郞；這是博愛（現在卻要說是連鎖了）所能讓我去做的極限了。」

買者答道：

「我付的價錢少過二十佛郞是違背了我的社會主義，但是爲人總要能夠犧牲，我就答應跌到十五佛郞罷。」

這樣，奇怪的交易由一個相反的道路也正達到同樣的結果，即是說那時的買者拒絕減價，賣者拒絕高價，他們的講價恰好顚倒了過來。

這是經濟學家反對連鎖主義的宣告。這種宣告是一種在政治經濟學誕生時卽有了的理想中出來的，根據這種理想，自然法則正要使那一切企圖對現社會有所矯正的努力，都變爲不惟無用而且有害的東西了。

這種理想是有其偉大之處的，并且牠是有了莫大的成就的，因爲已經被用來建起經濟的科學了。

無疑的，我們也相信，至少著者個人是相信自然法之存在的；我們并且很贊美這種能夠使人類得有所依靠的自然連鎖。但是我們對于這個已經給孔德指摘過的樂觀主義，卻不能同意。給這種自然的連鎖所壓死的人，很是不少；還有不少的人，卻永遠得不到這種自然的連鎖。一位新教的牧師，同時又是新教思想家的維勒(Viet)曾經說過這樣一段非常深刻的話：「我們的社會中有很多的「窮濱生。」這些窮濱生并不是在太平洋的荒島上，而是在我們的大城的中心，而是在每晚上上下下于附郊各大街以及佇立于大口岸河街上之騷擾的羣衆中，正是在那種地方我們可以找到他們，找到這些與吾人所謂的「社會關係」一辭毫無關係的窮濱生，他們既不知由分工而來的連鎖爲何事，因爲他們本是沒有職業的，也不知交易的連鎖爲何物，因爲既然他們沒有東西給人家，也沒有什麽可以接受，較之在荒島上的窮濱生，他們更是孤獨，更是和人類隔絕，和同他們并肩而過的完全隔絕；窮濱生還希望有一天發現一個海船把他帶到人類社會去，而他們連這點希望也沒有！有中世紀的教堂所創立的「出會」處罰下的「出會者」是和人類社會分離了的；沒有人供給他們以麪包，也沒有人供給他們以火：那眞是一些斷絕了連鎖的人。但是這種斷絕了連鎖的人就多得不可勝數，無火無居，和「出會者」沒有兩樣，不過這班人不是在這個辭的教會的意義上成了「出會者,」而是在這個辭的經濟的意義上出現罷了。次之,我們就說買者賣者之間的連鎖關係吧。那以一枚用爲交易的不穩定的貨幣去附着于社會的買者或賣者,也不知有多少已經和連鎖絕了緣當羅米歐(Roméo)到一個可憐的藥劑師那裏去買毒藥時,那藥劑師堅決地告訴他法律禁止他出售毒藥。「但是羅米歐答道,世界不是爲你而造的,這世界的法律也不是爲你而設。」今日的沒有唸過涉士比亞的千千萬萬的人正異口同聲地誦着這句話:「世界不是爲我們而造的,這世界的法律也不是爲我們而設。」

連鎖主義者同意于經濟學家之讓自然連鎖在好的方面活動,并主張要不用那只是給行會的或階級的自利主義以滿足之有國家連鎖色彩的東西參加進去。

譬如幾天以前,下議院曾經有一個報告,這種報告雖然沒有被任何報紙留意到,但是卻是一個很好的類型。商業部長說道:

「委員會規定麥子的關稅爲二十五佛郎;但是我們因爲收到了報告,說阿根庭共和國麥子的收成,今年是特別好的一年,所以把關稅加到三十五佛郎。」(註三)

這樣當一國受到豐收的好處,并且可用出口以使別國沾潤時,而這些別國卻對此幸運發生恐懼，并且預先防備，好似對待一個瘟疫國家，生怕受到危險一樣。

在這一方面也和在許多別的方面一樣，連鎖主義者可以和經濟學家站在一個陣線的前面。老實說，他們是不大同情于曼徹斯特派的"Freo trade"（自由貿易）政策的，因為他們在這中間所看見的是競爭的一種方式和利潤的爭鬬以及國外市場的奪取，但是他們卻誠心誠意地接受一切的關稅聯合和諒解計劃，以便利貨物、資本和人的自由流通。（註四）

是的，但是我們在現在的經濟世界中看不見這種私人利益和全體利益間的調整，而經濟學家則以為這種調整到處皆是。我們對于他們所用來說明這種情形的事實覺得沒有一件使我們認為滿足。

分工嗎？我們已經把牠所帶來的分化與專門化是怎樣可以成為不幸的原因說過了。（註五）專門化的結果誠然是可以預防同一範圍內的利益之衝突的。鞋匠不和帽匠發生競爭，正同鯨魚不和老虎競爭一樣。然而正是這種地方使我們對分工發生疑懼，正是這種本身所固有的傾向將人類分化，將每個人釘在一條不同的路上——或者說是釘在一條平行的路上也可以。但是根據平行的定義，是只有在無限上面才擡頭的，我很懂得由這種方法可以消除一切的衝突，但是假如那是火車站站長的一個夢，是行的，若謂一個社會學派的夢也是如此，那我就有點難以相信。說連鎖在于保證個人永不發生互相擔頭的危險，眞是一個令人詫異的理想。

那麼交易呢？

在把買者和賣者接頭的交易中，可以發現連鎖嗎？無疑的，作作文章是容易的。我們可以說一切的接合，譬如結婚，是一種「交」「易」：「易」誓言的「交」「易」，溫情的「交」「易」，等到那一天再有結婚戒指的「交」「易」來使結婚完成。

但是假如回到事實上，并且去看經濟界中的交易到底是什麼，就可以知道那是買者和賣者間的爭論價錢，每個人都想找到一個好的條件，而把這個好的條件拿在自己手裏。

交易在進化中是一個很重要的階級，而爲我們所極不願意蔑視的。斯賓塞曾經給我們指示出來，說是由單獨關係到雙方相互關係的轉變是一個大的進步。從前是下等人屈膝於上等人之前；今日的行禮是相互的，大家都「交」互脫一下帽子。同樣在經濟關係中，自從手持武器的盜竊爲互相交易所代替之後，也有了一個大的進步。但是無論如何，在這種敵對的利益之爭鬥的方式下，交易有一種戰爭的面貌的。牠有一手交一手和一拳對一拳的一樣野蠻，聽到人們有如我們前面所說的威時逵君一樣，說利益的交易是心的聯合時，真有點難以人耳。買者與賣者，商人與顧客的心的聯合嗎？沒有的，不但在這種和電氣相接一樣迅捷、一樣間歇的交易行爲中是沒有的，就是當交易在時期的經過多少要長些的大的接合如借貸、租賃和勞動契約中實現時，仍然沒有。這種契約在立約者創出了的心的結合在那裏呢？

牠們創立了累世的最悲劇的衝突，全部經濟史是開宗明義就給這三個決鬥佔住了：貸款人和借債人的決鬥，地主和佃農的決鬥，雇主和工人的決鬥。

貸款人和借債人間的衝突，是由莎士比亞在「威匿斯的商人」中描寫出來了的。但是這種悲劇，在充滿于羅馬歷史上的軋轢以及重利盤剝所加予全人民的財產侵佔和掠奪之旁，還算不得一回事。

佃農的慘劇，是愛爾蘭的整個歷史上的慘劇。而這三個衝突中之最稱目前問題的是雇主和工人間的衝突，所有這些，都是交易主義範圍之內的事，但是這是不是也可算做自然連鎖呢？

我們是不是以爲在國際貿易中要好些呢？孟德斯鳩在兩個世紀之前已經寫過一句爲人傳

麗的句子：「商業的自然結果是使人民趨於和平。」自從那時起，我們是不是已經看見國際商業使人民趨於和平呢？

多少大戰，不是除了爲國際商業而生的競爭外，就再沒有別的淵源嗎？至於爲殖民地的商業所生的競爭，會爲大戰的唯一淵源，更不待說了。

經濟學家答道：這是因爲這個商業是不自由的；有保護主義在。其實何嘗是這麽一回事；一個差不多一世紀以來已把自由貿易實現了（並且直到今日才好似拋棄了）的民族——英國，卻是和人家開戰最多的民族（或者比較法國要少一點）。

那末在競爭中是不是可以找出一個連鎖的方式來呢？居約所給我們描寫的，是生產者和商人爲了關心着他們的顧客的利益，自早忙到晚，這只令人發笑。我們可否想像一種經濟狀態的更關心的滑稽畫像，說這個飯館老板爲他的「供給餓者以食物」的功能操心，裁縫爲他的「供給赤身者以衣服」的功能操心，運輸公司爲他的「供給疲勞者以車輛」而操心呢？這樣的一種漂亮的題材，用來編成年杪所演的大戲，倒還不怎麽樣壞。

無疑的，一切的貨物供給人都在他們的信上寫着：如有所吩咐，當遵台命，但是顧客的吩咐只是——這是很自然的，我並不說他們的嫌話——實現一種利潤的方法。目下經濟活動的唯一動機就是利潤，而需要的滿足只是達到這個目的的手段；假如沒有需要，還要人工地製造需要，而且好壞不論，壞的更好，因爲正是這種需要有賺頭。

居約君曾經說過：「連鎖乃是競爭的消除。」

這不完全正確。連鎖主義不想消除一切的競爭。他們在競爭中分出常爲人混淆着的兩面。

〈註六〉

競爭之爲物，第一是勞動之自由。對於這個，沒有我們反對的餘地。連鎖主義者是主張勞動自由的。他們不贊成行會的或者壟斷的制度。

但是競爭還有別的東西。利潤的爭奪也是競爭，並且這裏的面貌就完全不同了。

英國人不說"Concurrence"，而說"Competition"；這個字較之法國的"Concurrence"一字所欲表白的要好些，因爲"Concurrence"這字正是一個曖昧的字，常能發生種種不同的解釋，至若"Competition"這字恰把牠所欲達的意思道出來了：爲利潤爲賺錢的爭鬪，而與合作相反。

連鎖主義者不相信第二意義的競爭之繼性。他們不相信各種經濟學書中所給牠的兩個德性：第一個德性是優者能夠把無用的人除掉而得到勝利；第二個德性是從廉價之保證以維護消費者。

我們不相信競爭之天擇的作用，因為不一定是優者，至少不是道德方面的優者能夠在競爭中成功；成功的是點者，優和點完全是兩件東西，成功的是——而且常是不大講廉恥的。甚至就從好的方面去看競爭，牠的德性仍是很可疑的。

譬如公務員的競選，就是競爭方式之一種，而為法國所普遍採用。我常說法國人整個生命都是在考試律之下經過的，自中學起，在中學生有作文的名譽競選，入社會作事的時候，無論做教授，當參政院委員或者任別的職務，都要競選，直到晚年還要為入國立研究院而競選。

這麼樣多的競選，應該把我們造成功一種上選的民族，而為他國所不能找得。但是，我們不是說我們同胞的嫌話，我們很可以說這種制度不見得比較別的國家所用的制度有了什麼更高明的結果。

德國的大學教授，不要經過考試，而他們的教授並不比較法國要差些。英國的情形，我們可以說也是一樣。

至于說競爭乃消費者的一種保障，在昔日——在差不多是原始的商業時期是眞的，在今日的只有一個小雜貨店的小城，還是眞的因爲這個雜貨店旣是單獨一家，本是能夠照自己的意思規定價錢的，但是一個新的雜貨店在牠旁邊開設之後，爲取得消費者起見，不得不減低價錢。惟是這是不能經久的。牠們旣是兩個了，諒解就來了，于是成立一個同盟。假若是小商人的結合，這是暗盟；假如是大工業的結合，那末這同盟簡簡單單地叫做協約，或者托辣斯或者卡特爾，牠們中間的一切的競爭從此消滅了——或者卽使有多少執拗的競爭，于必要時，還得先用失本競賣的方法去消滅之。

不，今日生產者間的競爭，並不能保障消費者，要說能夠保障也只是間歇的，搖動的。消費者僅能用本身的方法，用與競爭相反的合作自謀保障。至于說相信競爭能由自然的道路完成優者的天選，則誠如人們所說，無異于園丁讓園中一切任意生長，而以爲優種定會勝利；然而實在的結果園中將滿是荆棘了。

經濟界的競爭不會是良者對壞者的勝利，卻是使良者迫而照壞者一樣去做。

強迫那些欲給工人以優良工資或欲使工人做較短時間工作的雇主放棄他們的主張的，也是競爭。因為假如這班屈非真要一意孤行，定要受不起反對者的競爭，而致倒閉。把工人的星期休假阻止了許久沒有推行的，也是競爭。因為在有些商人願意關了鋪門，讓工人星期日休息之時，競爭者卻開了大門廣事招徠。

大部份麪包店的夜工得以維持至今的原因，仍是競爭。

而且就是在那為人所絕口贊美的國際商業中，結果也是一樣。今日的盡人皆知的國際勞動局為什麼產生的呢？為什麼該局局長托馬（Albert Thomas）奔走全球，到各國都城去聘訪呢？這就是為得對付那些正欲自閉于低廉的工資與長時的工作之內的國家，因為這些國家用了競爭去阻止比較進步的國家對于工人予以優良的工作條件。

末了，要說到批評連鎖學派使政治經濟學與倫理學混同這一點了。關于這個，經濟學家的議論是有根據的；但是我們不能在這裏多所討論。我們不是反對經濟科學有機組成一種純粹科學的，甚至很惋惜這種純粹的經濟科學在法國沒有佔到更重要的地位。我們也絕不願嘲笑那種使人類降到據說只顧個人利益的經濟人的抽象方法。這是一個很科學的假定，頗足供數學派經濟學立定一個基礎。

但是最奇怪的，是這班經濟學家本是很嚴肅地說經濟科學和倫理學應是分屬于兩個範疇的人，卻同時常常拒絕純粹經濟學在法國有其獨立的地位。

法國有兩位數學派經濟學的創立人，一個是古爾諾（Cournot），一個是雷項瓦拉士（Léon Walras）。古爾諾的數學政治經濟學一書是一千八百五十年印行的，總在圖書館裏放着，據我所知，他自己就承認在二十年中僅售出了一本。後來把書重新改編作通俗本，仍然沒有得到讀者社會的較好的歡迎。假如古爾諾沒有一個英國的經濟學者頡文斯（Stanley Jevons）和德國的經濟學者們使之復活，并把他看作數學政治經濟學的眞正創始者而表示敬禮，一定直到今日，還不爲人所知。

至于雷項瓦拉士，他是這樣地不爲人所重視，使他不得不離開法國，跑在盧珊住下，就在那裏過了一世，以致常被人稱爲盧珊的經濟學者，經過很久還沒有知道他卻是法國人。

目下法國還沒有專爲教授數學經濟學所設的講席，甚至于連純粹經濟學也是如此。

法國各時代所講授的政治經濟學實則都充滿了倫理，而巴士幾亞即是第一個不停地說着正義、博愛、互助以及終竟把惡戰勝了的善。他的整個書的含義，已經給他的書名充分地表現出來了：經濟的諧和。這個「經濟的諧和」在他就是「天意的諧和，」是則這裏不僅是受了道德思想的感染，而且是爲宗教思想所感染了。

那末他們爲什麼不贊成連鎖主義呢？

這是因爲這班經濟學家是一些主張個人主義者的倫理的，至于我們所代表的乃是連鎖的倫理。但是其爲倫理則一。

連鎖主義確是爲倫理學滲入政治經濟學中去的新紀元，而且是經濟史中重要的一頁。

連鎖主義已經把我們的所謂一個大的凍解帶到政治經濟學中來了。發如在瑞士，每到春暖，就有一種叫做"Le feohn"的惠風，使冰塊融爲小溪，流至平原，孳生萬物，同樣連鎖主義也把個人主義者的經濟學之硬的痞塊融化了。這裏的凍解也和一切的凍解一樣，很有餘下多少渣滓的可能。但是這也是連鎖主義給卡利兒（Carlyle）稱爲「瘟科學」的枯燥科學帶來了生命。

這種連鎖的自然事實，在人的方面也和在自然的一切事實方面一樣，能夠發生一些可善可惡的結果。這就是連鎖主義者爲什麼要想把牠改造的原因。

## 第三節　自然連鎖的糾正

連鎖主義者并不否認自然的連鎖，他只想用願意的、考慮過的、和意識到的連鎖來補充牠，糾正牠。

這是霍項布碩亞曾經說過的：「連鎖的偉大事實，給人類創出了一種互助責任的職份——那糾正并且補救這些非正義的職份。而這種職份的完成，只有利用連鎖的行為。」——（註七）我們前面雖然批評過他的準契約學說，可是不能不承認這裏他已經完完全全能把這種變遷指出來了。

這種自然的連鎖之糾正，我們到底預備從那一方面下手？為什麼人去做這種工作？所用的方法又是什麼呢？

為什麼人我們才去做這種糾正的工夫呢？那是為的一切被自然連鎖所犧牲的人——因為牠實在犧牲了許多人，以人類迫而遭受他人之不幸的影響一方式犧牲了許多人的事實，我們在上面已經說過：道傳啦、疾病的傳染啦、某種習慣的壞榜樣如酗酒、如漸漸傳播開去的由東方流入的鴉片之吸食啦，都是好例。這正是一些應得糾正的連鎖的壞事，而這裏的糾正方法，不一定是治擦，卽是用預防也未始不可：第一應防止這些災害的發生，使不致由一個社會階層傳到另一個無辜的社會階層，由一代傳到下一代。

還有別的連鎖的犧牲者，或者近含有重大的意義，那是社會進步的犧牲者。我說過連鎖是擔當來到別人身上之不幸的影響一事實；有時也是從來到別人身上之幸福中得着利益這事實——雖是不大常見。不過最壞的連鎖方式，是當連鎖使一部份人爲了遂于別人的幸福而受痛苦，或爲了社會全體的財富之增加而受痛苦的那種方式。而且這種方式，正又是常見的方式；而大家異口同聲所說的應該繳給進步的贖身金就是這個。但是這種進步的贖身金，不是我們每個人都繳納！而繳納這種贖身金的人，常是一班發明家，尤其是工人們。這話怎樣說呢？因爲分工的結果，每個經濟的進步必致使相當大數目的工人失掉他們的飯碗。機器就是一個先例。人們對于這個問題不知已經討論過多少次。經濟學家誠然否認機器對于工人階級有什麼損害，而且肯定他的生活水準反因此得以改良——這種說法，在一個相當長的時期內，確是眞的，然而只有在這種情形下，才是眞的。

另外再有別的例子。目下各種日報所時時談到的合理化，豈不就是一種完備的組織，因此組織一個工人能夠做到現在的組織中兩個工人一樣多的工作嗎？這個既是事實，當然會使兩個工人中的一個發生失業的危險。法國工人聯合會所以特別留心合理化的問題，正是爲此。在原則上，工人是不反對合理化的，因爲工人搗毀機器的事情，已經成了過去。教育已經進步了，他們知道不應該和進步頑抗，而預備繳納我剛才所說的那種贖身金。但是他們正是援引着連鎖的原則，使這種贖身金爲大家所繳納，而不專由他們擔當。社會既因新的方法而致富，一羣新的富人既是因這種發明而產生了，難道還以同時造成一些新的貧者爲合乎正義嗎？

這種例子多得很，眞是舉不勝舉。自由貿易乃國際連鎖諸方式中之一種，而且從牠之爲國際的連鎖這一點看來，我們已經覺得那是應該提倡的，然而自由貿易所發生的結果，每每又會破壞某種的不能和外國競爭的本國的國民實業，并使她的工人們的飯碗喪失假如一下把那些將各國分離的關稅壁壘推翻，因此而引起的犧牲，一定比地震還要利害。

這正是一些爲連鎖主義所不得不留心的事實。

經濟學家將說：「那是當然的啦，我們已經留心這個。」——我們卻不承認這句話，這一點也不是事實！他們毫沒有留心到這個，確實毫沒有留心這個理由正是因爲他們把政治經濟學和倫理學的分野看得太認眞太嚴格。

是的，許久以前，就有一個曼徹斯特人，因爲企業的變化，曾經辭退了大部份的工人。而且在他回答人們問及這些被辭退的工人將怎樣生活時所用的「我把他們交給自然律」一句中，很切實地——雖然太凶了一點——把曼徹斯特派的自由政治經濟學的原則表白出來了。

這種答法，是一個連鎖主義者所不能接受的。他不接受的是工人可以這樣地被人家交給自然律。

經濟學家甚至于誠心誠意地相信自然律的這種好意的行動，以致于永遠不承認應該有那些所謂雇主的組織，即是說那些雇主在特別的經濟情況之下用以去幫助被犧牲的工人的組織。這種組織是前世紀之末由亞爾薩斯一個大實業家叫做多爾夫斯(Dolfus)的一句名言：「他（指雇主）所欠工人的不僅是工資而已」所引出來的。

這位雇主已經是連鎖主義的先驅。他不承認那單純的交易主義，不承認根據供求律的工資之支付是能夠滿足正義之要求的。在某種限度內，工人的幸福應該和雇主的幸福能夠連繫在一起。

但是這裏所說的正義是什麼意思呢？人們說交易之爲公道的，也和天平兩端平衡時，說是秤得公道一樣。

不過連鎖主義者之所以不滿意于這種正義，因爲這種正義所帶着的不僅是天平，而且還有短劍。

他們以爲由交易所決定的價格之外或交易價値之上，有一個公道的價格；而在工資之上，那由雇主和工人由契約——假如這也可以叫做契約的話——所規定的工資之上，有一個公道的工資；并且在由供求律、投機者的技巧或消費者的無知這一類的東西所決定的利潤之上，有一個公道的利潤，一個應該設法決定、設法使其實現的利潤。

買者和賣者間的結社，正是我們的所謂消費合作社；借者與貸者間的結社，叫做信用合作社；雇主和工人間的結社，卽資本和勞動間的結社，叫做生產合作社或者分紅組織，或者工人分紅公司。（註八）

在這種場合，不再有爭論價錢的事情了，不僅是在經濟學家的個人主義者的方式下如此，就是在人們所加予我們的那種可笑的利他主義者的方式下也是如此。

這樣一來，那些賣、借、工資等契約方式下的交易主義制度中所必有的決鬥，也就爲結婚式的那種契約所代替了。

末了，連鎖主義要把在別種方式下的自然連鎖加以糾正：卽關于所有權的連鎖是。個人的所有權，無論是土地的抑或是資本的，都是一種悠久的著名的傳統，都是羅馬在她的永遠的絕對的所有權，卽"Jus fruendi, utendi et abutendi"的方式下所遺留給我們的用益、享受和處置的權利。我們不要從處置一字的壞的意義上去了解，這裏的所謂處置是在一種確定的、完全的方式下去處理自己的財產的權利。

既然有一種自然的連鎖律，所有權有一天要以一種和司法的傳統完全相反的形式表現出來。牠告訴我們：一切的所有權都有牠的社會的淵源。先說土地，不消說那不是由人類創造出來的，乃是由世代相承的每個人的積集而使之一天一天地增加的。就說無論一種什麼資本的所有權能，一個工廠也好，一個礦地也好，一個機器也好，卽使一個頂不關重要的工具也好，都是帶有不知道多少人的發明和勞力的。這些人拿來自己用過、改造過，而且奢做是千萬年來在實際經驗上已經證實過牠的效用。

再說知識的所有權吧！沒有一個大人物不承認他的用在事業上的幾乎全部的知識，不是由過去得來，而他自己不過給了牠一個新的形式，加了一個天才的記號而已。在查理羅俄所譯的沙士比亞的悲劇中，譯者在每齣之後，轉錄了一些在沙士比亞以前的別的悲劇和劄記；讀者竟至于把這些引用了來的看做沙士比亞自己的有名的詩篇。假如不是沙士比亞，而是別人，我們一定會要說這些可以找出許多相同點的作品，是一種剽竊。

假如事實眞是如此，那末我們有什麼方法把人類間財富的分配之一句舊的諺語："Cuique suum"（各有其所有）拿來當一條規則看呢？是的，再沒有所謂"Suum"（自己的）了，應該說是"Nostrum"（我們大家的），因之這個諺語已不適用，沒有若何意義了。

這個私人所有權在過去以及在現代人彼此間是長有許多根的，牠不應該由一個人霸佔；而應該是社會的。在淵源方面既是社會的，在牠的終結點自然也得是社會的了。

所以在連鎖主義者看來，所有權只是一種代理相續的產業，由祖先傳給後代，在現有者的手中，有如一種簡單的寄託物，這種情形在英國是常有的，然而卻爲民法所禁止。

雷項布碩亞曾經也是這樣想法，并且用了來解釋他的契約的理想，不過他只淡淡地提及過，沒有給予一個應有的重要地位能了。他曾說道：每個人應是他所擁有的財產的「租賃人。」

但是我以爲這種比擬不大好。當項布頤亞總想在一種契約的方式下把連鎖表現出來，以便給予一種所謂有同意的外表。所以在他不能用準契約去說明所有權時，就在租賃契約的方式來求解答。可是這種解釋毫無裨益，因爲假如準契約、債權和債務等等說法只能使人摸不着頭腦，那末所有者和租賃人間的關係一定仍不能有什麼可以使人容易了解的特質，反使人覺得枝節橫生，無所適從！

在連鎖主義還沒有產生之前，所有權即久在一種更高尚、更合于正義的方式下被表示出來了。聖西門學派是第一個在所有權中找出牠的社會的機能的。聖西門有過這樣的一句話：「一切的所有主都是一個受託人，他應該以他的所有償付一切人的。」聖西門甚至于把一種資本的或工廠的所有權者比做一個海船的船長或軍隊的軍官，他們雖是管理船隻、槍礮、營舍、馬匹和軍械，但是他們沒有所有權；他們只能遵照規定去使用，以防衛國家。

講到這裏，一定有人要說，那末所謂連鎖主義，不管理論上如何說得天花亂墜，事實上仍然還是集產主義。因爲集產的社會主義以至于共產主義所要求的不是把一切爲大家勞動產物的資本社會化還有什麼呢？

不，連鎖主義者不是集產主義者，甚至于也不是聖西門派。他們固然承認所有權是一種社會的機能，但是他們也承認所有權人或資本家可以把他的土地或他的資本的一切產物保有，當做報酬假如我們願意的話，可以比之于一個監督人，主人把從他的土地或是他的工廠所取得的一切都讓給這監督人。

說是為什麼這樣仁慈嗎？要知道這並不是什麼仁慈，因為我們前面已經屢次說過，連鎖主義不是慈善的一個同胞，牠之所以這樣主張，只是為得社會的利益，因為牠覺得獲取土地、工廠礦山的最大收入之頂好的方法，是把一切產物讓給擔任經營的人。

是則連鎖主義對于私人所有權的理想，是不廢除收益的所有權；主張遵守每個人都可以取得自己的土地和資本的產物之一原則。惟是所有權既有一種社會的性格，那末自然應該為公衆的利益受到某種限制。因為社會把生產讓給了所有權者，當然也可以對于這種讓與附帶某種條件。

這種所有權社會機能說實際上不僅為社會主義者或連鎖主義者所倡導，而且有時為古典學派的經濟學家所承認。數年前巴黎大學法學院一位經濟學教授，那右派的一位下議員波爾樓賈(Beauregard)君在下院的一篇關于財政法計劃的講演中曾經主張應有一個「能夠使損失分配于一切有土地所有權之服務的連鎖之人的身上去的制度之組織。」這個主張引起過很大的反感，巴黎時報對牠的批評尤其嚴厲：「所謂土地所有權之服務的連鎖，不是純粹社會主義者的學說是什麼呢？」

不見得完全一樣，因爲我們要問連鎖主義所要求于土地的、實業的或是資本的所有權的限制到底是一些什麼限制呢？

或者就是所謂對于資本的徵稅能——這個困難的問題我們這裏不必去詳細討論；總之，即是遺產稅、收入累進稅的這一種類限制。

再者，尤其是還有一種所謂爲公用目的而徵收——有償的——的限制。而這裏的所謂徵收，比較法國關于城市街道的增闢和鐵道路線的敷設的立法中所規定的意義，要廣泛得多，并且有償的徵收，常是費用浩大，使公益工程，難以進行。連鎖主義是採用公益兩字之最廣義的解釋的，在牠的心目中的意義，是近年中東歐十來個國家爲得解放無產階級對于大產業所執行的徵收。然而這些國家的政府并不是什麽社會黨的政府。同樣連鎖主義對于意大利限令“Latifundia”(大產業)所有主改良自己的土地，否則沒收的立法，也認爲是公益兩字之廣義的應用。

第三是假若專就工業資本而言，這種限制則是從工人監督的方式下表現出來。這種每每在工人宣言中所包含的并且那麽樣地被雇主反抗的要求，正是立腳于連鎖理想之上，認爲一個企業，無論從材料或機器方面言，抑是從發明方面言，尤其是從顧客方面言，都有點是大家的事情，不僅是有關雇主，而且是有關勞動者和消費者；所以這三種人對于企業的進行，都應該有某種的監督，而不應該依照一般企業領袖的老說法「我是在我自己家裏；假如你們不滿意的話，滾蛋好了。」不勞動者在答覆這種話時，在某種限度內可以說：「我們也一樣地好似有點像在我們自己家裏，」不過我以爲還有一句工人們頗有意忘記的話：「還有我們消費者和顧客，我們也好似有點像在我們自己家裏。」因爲假如沒有我們，你們將怎樣辦呢？(註九)

(註一)「個人利益是使我們追求進步的那種無從駕馭的個人主義者的力量……但是把我們引到壟斷的道路上去的也是牠。競爭是奪取進步的那種一樣無從駕馭的人類的力量，然而卻是每次有了一個進步，就被牠由個人的手裏奪取了來用以造成人類大家庭的共有遺產」(昭和三五五頁)。

（註二）正是那個時去世的。

（註三）農部部長後來（公元一九二八年七月）的這個宣告中的：「最強盛的國家是那最能夠自給的國家」一語，是最使我們聽不進耳的一句話。

（註四）參閱"Le Programme Coopératiste"（彭師勤中文譯本改名合作理論比較研究，中華出版）中的國際商業政策。

（註五）參閱本書第四章第三節。

（註六）參閱著者協作書中的競爭與合作章。

（註七）見前舉之進德哲學演講集第十一頁。

（註八）進步乃隸屬于合作的競爭（Gedder dans Sexualite）。著者是社會學家的自然科學家，在這個句子中講的雖是生物進化，但是在經濟的進化中也是一樣的正確。

（註九）這裏的這個主張曾經在一個關于巴士幾亞的道德的演講中陳述過。這篇演講，收入社會道路一書中，公元一九〇三年由高等社會科學研究院出版傅蘭（Follin）君對于我們的這個主張曾經在他的自然法則的社會原則一書和倫理學者經濟學者與連鎖主義者小冊中加以嚴厲的批評。我們希望讀者能夠參閱；這裏我們只將他的結論介紹了：「巴士幾亞派的人是經濟學者，不懂得倫理的意義；連鎖主義派的人都是倫理學者，不懂得經濟的意義——這正是和他們相似的人們的一個重大的損失。一

# 第八章　連鎖與倫理

## 第一節　連鎖主義者的倫理

在本書的開始我已經說過連鎖學說所以有成就的諸原因中之一個，是人們以爲可以從中找出一個使非宗教的倫理不必求助于宗教而能夠立定根基。

無神論的哲學家黑勿帝斯（Helvetius）在十八世紀的時候已經說過：

「個人利益和一般利益的聯合物乃倫理上所當推崇的傑作。」

是的，不錯！但是怎麼樣才可以獲得這種聯合物呢？假如在個人利益和一般利益發生衝突之時——這是無時不有的——個人利益應該向一般利益讓步。但是怎麼樣又才可以給個人規定這種犧牲呢？爲上帝之愛嗎？爲自己的靈魂將來可以上天堂嗎？爲遵守康德的「絕對的命令」嗎？

連鎖在這裏卻眞的給了我們一個所尋求的解答——這是怎麼說呢？因爲連鎖告訴我們，說是人類間存在着的連繫，是一個人所遭受的不幸可以影響到衆人，而在一個人身上所發生的利益，大家可以均沾。這個傑作的完成正是靠了牠。

連鎖對于這個變成了口頭禪的諺語：「我爲人人，人人爲我」也給我們證實了那並不是一種理想，而是一種事實。意卽謂那爲人人而作工的人，也爲他自己作工。

經濟學中曾有一句這樣的話：每個人都能爲個人的利益，則一般的利益從此亦有了保障。連鎖主義者要把這格言翻過來說：每個人都顧全一般的利益，則他自己的利益從此亦可以滿足。

是則連鎖主義的倫理並不是犧牲的倫理，甚至于也不是不顧自己利害的倫理。牠也把基礎立在個人利益之上。而且福音書的原則：「愛你的鄰人如同愛你自己一樣」就帶有本人的愛在。能夠在基督律的原則「愛你的鄰人如同愛你自己一樣」之上，加以這個連鎖律所告訴我們的「我的鄰人就是我自己，而我不能把自己和鄰人分開」這麼一句，不是一件什麼等閒的工作！

塞維尼夫人在寫給她的女兒格里仰夫人的一封信中曾經有過這樣的一種動人的字眼：「我的痛楚在汝胸上，」因爲她的女兒那時正是傷了風。能夠把人心的痛苦當自己的來感受，這是多麼令人肅然起敬的自發的連鎖榜樣啊！這個同樣的思想曾經也爲囂俄表現在他的這句有名的詩中：「相信我非你的喪心病狂的人啊！」

個人主義是由一對方式表白出來的：「這不和我相干！」這是第一個；第二個乃：「這是我個人的事情，不要你來干預吧。」

第一種句子是常常可以聽到的，但是第二種句子也不絕于耳！醉漢、酒鬼、遊蕩者、怠惰人、執袴子、節育派，假如有一個道德家對他們有所勸告，他們總是這樣回答：「這是我的事，和你不相干！」同樣履主對于勞動視察員或是對於工會的祕書提起他們的意見時就說：這是我的事情。連鎖主義對于這兩個方式下的句子，都不願聽。一切與我的同類有關的都與我有關，而一切與我有關的都能夠使人家發生興趣。我們的一言一行沒有不在全世界發生一些同心的波紋的。

因此我們一懂得了連鎖之後，這連鎖律就給了我們一種責任——我們的每個行動每句言語所生的責任，而這種責任的影響會跑到我們的同時代的人，我們的繼承者身上去，加在現在，加在未來之上。

所以這個被人輕視下去，汚損下去的個性，反因爲連鎖一事實，而用了一種莊嚴偉大的形態在我們面前出現，原來牠就是帶有一種非常之好地擴大了的責任在的。

一百年以前，即公元一千八百三十一年連鎖主義還沒有產生的時候，聖西門派的一位大師巴爾羅特（Barrault）在巴黎的一個公共集會中曾經講過一些有點近于誇張的話，然而卻可以從中找出連鎖學說的一個無上的預言來：

「希伯來人假如在路旁發現了一具死屍，這個鄰城的居民就要大家跑來將手伸在屍身之上，宣誓他沒有殺過人的嫌疑。

「那末，我現在請你們聽我說。你們的將個民族，生活于你們的這些街道與廣場的泥淖之中，地窖和樓頂的惡臭之中，鴿子籠一樣架疊着的畜欄之中，可恥的、慘淡的、饑餓的煎熬之中，給粗暴的工作使他們辛苦得奄奄一息了，即是襤褸的布片，也只能遮蔽身體之一半，這些不道德的怪物，已經是不能掙扎下去了，我請你們！你們，這些特權階級的子孫：站起來，伸出手來放在這些創痕之上，宣個誓，說是你們對于這些悲愁，這些痛苦，這些煩惱沒有你們的一份在內邊！宣誓能……

「你們是不敢做的！」

如今連鎖學派對每個人也要用這種雄辯的句子，把社會制度的慘狀向他們指點出來，并且先就告訴他們，他們自己對于這些慘狀，這些痛楚，大大地是一個負有攸歸的人，次之再告訴他們，他們自己也有陷入去的危險。

這就是倫理的連鎖之兩面。

但是從倫理方面而言，連鎖還有別的東西教給我們牠教我們既要責己以嚴（因爲我們的一舉一動都能夠發生那麼大的影響）同時還要待人以恕（因爲他們的過錯在某種場合是我們自己的過錯所發生的結果）。

而且在責己以嚴以及待人以恕中所找出來的倫理的教條，有什麼教條可以比得上牠呢？

這正是我們前面所說過的一千九百年所成立的社會教育學社提倡一種含有連鎖盛感的新倫理的原因。這裏我們且來看看牠的綱領：

「社會教育教人以自然的連鎖律。牠要指出這些律是怎樣在每個人類的身上組成一個由他人的一切工作努力而產生的責任，這個責任是怎樣應該由每個人盡自己的力並且照着通常大家所使用的方法，在自己的社會生活之每個行動中去擔當的。牠的目的是在于使人類中每個人的意識都能顧到連鎖的事實，常常得以溝通，這就是說，務必把維結着的連鎖實現，我們也可以說把對自然連鎖的誤解所發生的那些不公平的事實加以淸算。」

公元一九〇四年教育部長頤密爾在教育同盟的演講中說：

「那一定是可以辦到的，而且又是牠的最高的任務……

「應該教人愛他的祖國；在這種信仰之下，是沒有什麼學校的中立的。

「假如不能夠使兒童的靈魂沒染了別的這一個同樣迫切的任務——人類連鎖的情操，這種任務是不克完成的。」

## 第二節　倫理學家的批評

但是這并不是倫理學家的意見大部份的倫理學家，也和我們前面所說的經濟學家一樣，對于連鎖主義的態度非常嚴厲。

我們可以從他們引出許多的批評——甚至可以說是攻擊——出來。

這點就是一點樣貨。

「連鎖常被一班欲享受他人工作之果實的人，或一班用國家稅收以滿足自己的招收黨員

之需要的政治家拿了去作護身符；這簡直是給那最不道德的利己主義的一個新名詞。」（註一）

「連鎖只是利己主義諸方式中之一種可恥的利己主義」（註二）

「連鎖雖被看做把意識推上忠誠去之一種動力的程度過遠，并且覺是一切利己主義的從犯，一切無情的幫手，一切冷淡的保鑣。」（註三）

我們要來研究研究，看這種罪名到底有沒有根據。連鎖誠然只是一種事實，或者也可以說是一種自然律，這個自然律也和物理界的一切自然律一樣，并沒有包含什麽倫理的意義。自然法旣不是道德的，也不是不道德的；而是非倫理的，和地心吸引力律或液體平衡律一樣，不管什麽道德不道德。連鎖的某種的表現使我們厭惡，貓和鼠間有連鎖；蜘蛛和蒼蠅間也有連鎖；因爲有此不能無彼。在一切的寄生狀態中都有連鎖，常春籐和那被牠窒死的樹幹間的連鎖，也和社會寄生狀態一切形式的連鎖相同：每個剝削者和他的被剝削者是連鎖的，每個重利盤剝者和他的欠戶也是連鎖的。我們可以從這中間找出什麽道德性來呢？

至于說連鎖是個人利益和一般利益的調和，在這些批評者看來，那是十足的夢囈語。本來假如要說那是眞有其事，必定要有一種別的連鎖，一種好的方面的連鎖，雖然一個人對于自己所沒有參加工作的好事而受得利益不是怎樣合乎正誼的事情。假如和舊教教堂的教義一樣，聖徒們的功績和祈禱可以代罪人和不做禱告的贖罪；假如和日本的一個有詩意的傳統的說法一樣，一件由千個女人的手所縫過的背心，可以使穿這件背心的人不致受彈喪身，因此從前在許多日本的城市中，可以看得到女人們在路上阻住過往的人，請她們施恩，俾得完成千針，以救她們的男人或未婚夫于槍彈之下；假如，總而言之，連鎖真只是幸事的傳達——那末確是值得我們努力去提倡的，這樣才可以使我們相信連鎖真是教我們去愛我們的鄰人。

不幸我們上面有機會提過的例子，結果大都證明連鎖特別是在不幸的傳達中表現出來。

在這種殘忍的方式下的，那可以叫做「昧長斯的嚴刑」(Supplice de Mezence) 的連鎖中，一個活人和一個死人連繫着的，是死人使活人腐敗，而不是活人使死人復活！

同樣今日的家庭中夫妻中之一個有肺病，並不是有肺病的能夠因對方的康健而受益，反是有肺病的把肺病傳給康健的對方。

在經濟界我們豈不是也可以看見破產比發財更常能由一個企業傳遞到另一個企業嗎？

從這種事實中，我們可以說連鎖特別在于傳達不幸，這種現象所發生的嚴重的影響是連鎖似乎不能在我們心上引起對于鄰人的愛，而能引起的反是恐懼和仇恨。難道我們還要相信我們的那種怕被我們的同類傳染或破壞的思想可以喚起我們的同情嗎？大家都知道人類和鼠間有了一個奇異的連鎖在：這就是說把疫菌傳給人類的是老鼠，我們從這種連鎖中可以得到一種什麼結論呢？那是把所有的老鼠都殺了，而且事實上每一個船隻靠埠之時，就用硫酸把船艙的各部份都洗掃一個乾淨。

現在我們知道有肺病的人也是一樣危險的，我們不說我們真想把他們都消滅了，不過假如我們快點認捐多少爲他們建築一座療養室，並且這座療養室建築得離我們越遠越好，然後把他們關在裏面，如同中世紀對于有癩病的人一樣，豈不是以一種道德的行動代替了詈罵，並且因而使恐懼變做了愛嗎？

北美合衆國有一個「反對接吻同盟。」假如這個同盟專是受了道德的清教教義精神之感化，那只有一笑置之，但是牠的產生的原因，並不是廉恥之心；而是傳染的恐懼。什麼時候才再產生一個「反對握手同盟」呢？一定有一天到來，人們非帶了手套不敢和同類接觸。這就是連鎖的教育。

而且當連鎖表現出來的時候，即使不再在不幸的方式或模樣之下，而是在幸福的方式之下，在好的模樣之下，譬如在分工的方式之下（我們在前面提到這個問題的時候曾經引了巴士幾亞一些很好的句子），我們又可以從中得到一種什麼樣的倫理的教訓呢？牠所創造出來的是一些什麼職份呢？

我們也很知道在一切的倫理學的課本中都引用了普呂多姆（Sully Prudhomme）的一首很著名的短詩：

「勞動者對我在夢寐中說了：做你自己的麪包，
我不再願養活你了，耙了地再播麥稻。
織布工人對我說了，做你自己的衣袍。
泥水匠也對我說了，親手去拿起建屋的鏝刀。」

詩人在醒來之後，知道作了一個不好的夢，但是既然了解了他的幸福是由別人的工作所造成的，于是下了這樣的一個結論：

「于是從這天起，對于他們的每個人我都愛了。」

是的，但是這純粹是文學。顧客和供給商人間沒有什麼必要的愛；供給商人所必要的是繳付他的帳單，而不要人家愛他。

我們知道當大總統出去旅行，習慣上每于達到目的地之時，和火車上的司機握一握手，我們可以說，在這裏已經實現了普呂多姆時中的一部份意義。但是這一種官家的儀式要拿來作一種倫理的基礎，還嫌淺薄。

連鎖理想的普及，反能影響那個直至現在尙爲一般倫理學家當做眞正的倫理基礎而提倡的東西：即是說每個人對于自己的行動應該負責。他應該爲自己的過錯而受處罰，幷不是因爲他人的過錯而受處罰。（註四）他應該從自己的工作自己的事業中去得利益，幷不是在他人的工作和事業中去佔利益。這是人性的或神聖的整個正誼之原則，

## 第三節　連鎖不能沒有正誼的幫助

我們是承認倫理學家的論證的力量的；我們願意抛棄那種說連鎖單獨足以構成倫理的主張。

我們詳細討論過的準契約學說，是一種用法律去糾正自然連鎖之非正義的一種努力。是則連鎖不能沒有社會正義的幫助無論保羅蒲羅（Paul Bureau）怎樣說，連鎖終究是社會正義的需道，一個嚮背。

是的，要眞正地尋找倫理律的原則，應該于連鎖之外，意識之上去尋找的，但是意識這種東西常很模糊，應該加以訓練使之顯明。連鎖給牠帶來了光明，給牠把道路指示出來。

即使連鎖帶有個人利益的成分；即使恐懼混入在連鎖裏面，豈不都是爲得迫令個人從自己的狹小範圍內走出來，把自己的心地擴大一點，俾把別人的憂慮引了——雖是一邊在咒罵還別人也好——到自己的心上來嗎？

顯然的，人類很厭惡自然的連鎖——如用普通一般的定義，這自然的連鎖即是互相依賴——因爲這是在空間上把我們連接于我們的同時代的人，在時間上把我們連接于我們的後代的人的一個鏈條。而人類卻正不愛這種縛束牠的鏈條。

不受縛束，是小孩的希望；他一身的最幸福的日子，是既沒有爸爸在前，也沒有媽媽在後，復沒有女傭在旁，而可以獨自一個出來的那一天。不受縛束，也是女人的希望；女人在一切擁護女權的綱佃襄，要求她們的解放不受縛束，又是布爾喬亞的希望；他們想爲自己爲兒子找一個所謂獨立的職業（這是多麽一個不合邏輯的名字）。

但是我們得再進一步。不僅是在個人利益情況之下，就是在社會利益情況之下，也應把鏈條弄斷，使人類從連鎖之下解放出來。

這是這個世界上的一切革命者所取的立場。一切革命者，甚至于一切改革家，一切革新者都是一些超度加在他們身上的那種祖先之連鎖的人。一個波里歐克特（Polyeucte）把上帝的條規推翻了，路得把教皇的勅書燒掉了，舊制下的貴族于八月四日的晚上把封建權拋棄了，這些都是個人超度他們的時代，他們的環境之連鎖的例子，因爲有一個高尙的使命在號令他們。

歷史上的最大的時期，那把向前進的斷然的步法劃出來的時期，在政治上，有法蘭西大革命；在經濟上，有農奴制或行會制之廢除；在宗教上，有宗教改革；在知識上，有笛卡爾的有法則的懷疑努力從他自己的精神上，把牠的往日所有的內容掃除了——在這些情形內邊，豈不是把舊日的連繫都破壞了嗎？這豈不都是從各種連鎖之下解放出來了嗎？一切革新者的歡喜豈不是和航空家在對從後面推着飛機的人說：「你們放手罷！」這時候的心醉一樣嗎？這時的航空家旣覺到把他的在地球上的最末了的一個連緊割斷了，覺到超度了連鎖的一切方式中之最殘酷的那種連鎖，卽把我們綁束在地球上的那種地心吸力的連鎖超度了，其心醉的程度如何，其快樂的情緒如何，姑待我說了！

我們應該承認那些很馴服地擔當着的連鎖的人，其倫理的水準確不見得比別人高超。照着大家所做的去做，循規蹈矩，那其中雖是可以找出一種連鎖，但是也可以從中找出一種守舊的甚至于怯懦的劣根性來。

是的，我們應該承認每個人因他人而活的事實本身，并不帶有為他人而活的義務在裏面，反有供給一個活于他人之上的企圖之可能，在這種情形之下，連鎖也就墮落得變成了剝削，變成了寄生。

然而這裏也和佛耶(Alfred Fouillée)所說的一樣，是有一個力量的問題在內的，假如這裏的力量，也如一切的力量，可以一樣地用在壞的和好的兩面，那末我們沒有理由因為這裏的力量也可以用在壞的方面就連好的都一概抹殺。

牠供給強者以幫助弱者的方法。

我們再把登高山的彼此用繩縛在腰上，以導遊人在前覓路的事來比較一比較。這根繩子對于導遊人固不惟不良于行，而且很是危險就是對于遊客中的強有力者也是如此，但是對于其他的弱者而言，卻是一種扶助；牠能幫助弱者，使之得以登上那種他單獨一個人不克上去的山嶺，然而同時卻并不有傷于強者的勇氣；不惟沒有這種流弊，反迫使強者充分地發揮他的最大限度的力氣，因為要使他人上去比較使自己上去需要更多的力氣。而且即使因此掉到深谷去，這種喪身的連鎖仍沒有減少願這樣去做的人之人數。

那是真的，我們可以說導遊人之所以不將這條不祥的繩子割斷，并不是連鎖把他的手阻止，卻是另一種喚聲，那職業名譽的、良心的喚聲，而且雖是這樣做了，還不免要咒罵咒罵這將他縛束着的連繫……然而在這裏我們要問：職業名譽的本身又何嘗不是連鎖諸方式中之一種呢？

而且我們還不必拿這種遊山隊來作例子。在我們所深知的合作社中，就不知道可以得到多少同樣的經驗！在這種以「我為人人，人人為我」當格言的合作社中，雖也不常是每個人都為大家，更不常是大家都為每個人。可是我們知道現時世界上所有的十萬個合作社中，沒有一個能夠存在和維持下來，假如找不到一個為牠而活的人。合作社的發起人，每每就是這個合作社後來的推動人。無量數的合作社之所以曇花一現，就是因爲沒有找到一個這樣的人。

至于合作社中其餘的社員，顯明地是站在被動的地位：他們是隨遇而安毫無所謂；但是這班人在資本主義制度下一樣地還是沒有作爲。

我們也得承認連鎖不一定是愛與和平。那還差得遠！不應該把連鎖主義與和平主義混爲一談。

部落，城市，祖國這許多階段的連鎖，都是由戰爭所鑄成的，都浸染着戰爭的精神。而且正是爲了戰爭，人類接受把自己的利益自己的生命犧牲。

這不惟是政治上爲然，即社會上亦莫不如是。創造工人結社、工人組合的正是職業的連鎖，這種結社這種組合一成立之後，隨即發生爭鬥，他們弄出階級鬥爭，以和雇主短兵相見。而且職業會社的特性，就是苦鬥。

戰爭創造連鎖，而連鎖又惹起戰爭，這個永無了期的圈子，是不是再沒有跳出的希望，因而對于將來就此絕望呢？

或者不至于如此，因爲爭鬥和戰爭是可以改造的，而爭鬥和連鎖則可逐漸接近，遂到不能分辨之一日。

要怎麼樣才可以達到這一個地步呢？只有再另外確定一個目的，這個目的應該是戰敗者的改變和同化，而非他們的破滅。

這並非是一個幻想。有的爭鬥形式，已經能夠有這種結果，譬如宗教之爭，黨派之爭是。地方的連鎖已經融解在更大的連鎖——祖國之中；而在令人難安的國家主義之上，已經泚首顯出歐洲的連鎖來了。

(註一) Vilfredo Pareto 所著社會主義的危險一文中語，見公元一九〇〇年五月十五號經濟學家雜誌。

(註二) Demolins 語，見社會科學雜誌，公元一八九七年。

(註三) Paul Bureau 語。

(註四) 預言家已經反對過這種連鎖：

「為什麼你在以色列國內要說這句諺語：父親吃了酸葡萄，兒子的牙齒會軟酸呢？上帝說：「永恆」我是活着的，你不能再用以色列國這個諺語……犯罪的靈魂，即是將死的靈魂。」——Ezechiel XVIII,2 及 Jérémie XXXI,29 中均有此段。

# 第九章　連鎖或慈善

## 一

我們在本書的開始已經說過，連鎖一字的發明人樸爾盧曾稱欲以此字代替基督教的那個舊字：慈善。

應該承認他的成就已在他的希望之上！慈善一字眞的被抵制不用了。

但是假如有人告訴樸爾盧，說是連鎖一字也同樣地來自基督教，則他一定于驚異之餘，不勝悵惘！原來慈善的使徒保羅，也是給連鎖下有最有力的定義的人。幸而樸爾盧沒有讀過，而且就是今日那些以基督教的慈善去和不含有宗教氣味的連鎖相對抗的人仍然不知道兩者實是同一個來源。

目下無論創立一個什麽慈善的或者救濟的機關，主席的演講詞中沒有不宜稱道這種事業幷不是慈善事業，而純粹是連鎖事業。每一次人們有什麼好的舉動，每一次人們爲得減輕不幸者的痛苦而欲募捐，都是以連鎖爲名。從前的貧人，在街上向人討錢，都說看在上帝面上，給我一個大；在莫里哀的一篇名劇中，唐瑞安（Don Juan）答乞丐的話是：我爲人類之愛而給你。假如在今日他將說：我爲連鎖之愛而給你。

慈善一字不僅是在普常的言語中被驅逐出來了，而且爲人不留餘地加以辱罵了。一個著述家伯納拉察爾（Bernard Lazare）——是的，他是一個猶太人；第一個爲德來弗斯（Dreyfus）事件主持公道的就是他——曾經寫道：「慈善，那是基督教的用以維持非正義的廢話。」

但是我要問怎麼見得那是「基督教的？」伯納拉察爾——這個猶太的戰士，決不會不知道慈善一字是可以在聖經中找到的，也不會不知道在一切古代的法典中燦爛放光的摩西法典就很有理地給慈善確定了一個地位，而且不僅是在以色列人和其他種族間慈善所應有的地位，還有牠在以色列人和畜類間所應有的地位。慈善實是以色列族頂高貴的名詞中之一個。

而且慈善一字也在可蘭經中找到，「施與」在回教的教條中佔有一個重要的地位。爲什麼慈善是基督教的之時，就是討厭的呢？

「慈善」在答覆伯納拉察爾的咒駡時，可以用巴士卡的爾句頂好的話：「一切體和一切精神之總和以及牠的一切產品，還不及慈善的最小的活動，因爲牠是無限高超的一種東西。」不過拉察爾和巴士卡兩個人的話，不是一般人所想像地那末水火不相容，因爲確切地說，他們所用的字眼雖然同是這一個，而所指的卻不是一件事體。

當拉察爾說慈善時，說的是「施捨」。至于巴士卡所以把慈善放在一切事物之上，乃是說的愛。

從字源這方面言，用到了慈善一字的眞義的是巴士卡，因爲在希拉文中，我們用來譯爲慈善的那個字確是「愛。」在聖保羅的那個著名的篇章裏，聖保羅把慈善的各種特性都舉出來了，也說誠實和希望是有一天要消滅的，而慈善則永遠不能磨滅，他所用的那個希拉字是"agape"，意卽「愛。」

希拉人在他們的美麗言語中，有許多個表示愛的不同的字眼：性的愛是"eros"，對人之愛是"agape"，至於在法國語言中，我們把這個字到處濫用：上帝之愛或飲食之愛，男女之愛或祖國之愛，本人之愛或他人之愛，都是這一個字。希拉人不是這樣地亂來的。

在拉丁文中也是一樣，拉丁文中的慈善一字是"Caritas"和施捨或做好事毫無關係。"Caritas"是動詞「愛」變來的名詞，而且是帶有愛之最高含義的一個字，比父子之愛夫婦之愛要高尚：那是上帝之愛，祖國之愛，有如西塞郎（Ciceron）的名句"Caritas humani generis"所說的一樣，是人類的。（註一）

證據是慈善本身的意義和施捨的意義毫無關係，在我們上面已經引用過的聖保羅的那一個篇章中聖保羅還寫過一句這樣的千古不磨的話：「當我給貧者以我的一切財產，甚至我的身體也為他們拿了去焚燒時，假如我沒有慈善，那末這種行動也就毫無價值了。」然而把自己的財富和身體給貧者是多麼偉大的施捨啊！是的，在這個偉大的使徒的眼裏慈善的贈與中，如若沒有愛，也就不是慈善。

經濟的交易主義，是要交換的產品或服務之平等的：是則這是一種雙方的行動，兩造之每一個都接到和他所給的一樣多，甚至于所接到比較所給與的，其最後效用更大。

慈善是一種片面的行動，被濟者受濟人者毫無收回，如若說是有所收回，也只是由完成了一種職份而生的道德上的滿足。當爾羅時佛果說及慈善時，他的格言是「這是對我們自己可以恪入去的不幸之一種聰明的預防，」他確是把慈善蔑視了、侮辱了。耶穌自己誠然說過：那給與他人以生命的人可以再得到這個生命；這是可以令人解爲犧牲——即使是最完全的犧牲也好，是總會找到他的酬報的；但是他的這句話是和他的另外一句不大爲人所知的話相衝突的：給人而毫無所企待於人。還有一個做慈善事業的老太太曾經說過一句這樣的話，再沒有比做好事能使我覺得幸福的事。這是一個稍爲遜色一點的慈善了。

而且即使假定有一個慈善普遍化了的世界——這是到頭來不得不這樣假定的，因爲爲什麽有的人有一種總是做慈善的特權而另外有的卻總是被人救濟呢？——在這種世界上，慈善將因變質爲交易主義而告終正犧，犧牲的相互將和利益的相互達到一個相同之點。(註二)

然而眞正的愛不是相互的，說是愛因變爲相互的而減退，是不是過分的話呢？沒有報酬的愛是不是理想的愛呢？當然不是的。但是愛和交易主義那「一還一」的辦法之主要的分別，是愛中的相互，并不是目的；做母親的不會對她的兒女說：我愛你是使你愛我。她愛他們，因爲她是愛他們罷了。

連鎖是在交易主義和慈善主義（Caritalisme）——假如准許我用這個不雅觀的新名詞

的話——之間的東西。牠是毫不講什麼愛的；在傳染者和被傳染者之間有什麼愛可以產生出來呢？在債主和欠戶之間，在買者和商人之間在雇主和工人之間，在擔負過去的過錯之重負的人和將這些重負遺下來的人之間，有什麼愛可以產生呢？

可是差不多一般人都認爲被好好地實現了的連鎖，是最能夠不顧慮自己利益的連鎖；不過要知道這是把連鎖和慈善兩者的意義混淆了的，假如眞是如此，那末互助將是連鎖中最低級的階段，因爲這裏的幫助是相互的。不，連鎖的最恰當的實現，是工會，合作社，互助會社這一類的東西，牠們毫不是不顧自己的利益；合作社的格言不僅是「我爲人人，」而且也是「人人爲我。」

連鎖中不僅是有某一種的個人利益的要素在，而且也常有某一部份的疑懼和恐怖，這種心理作用正在反對傳染病的爭鬥中表現出來了；並且這種地方又是和慈善很不同的地方，福音書家約翰已經說過：「慈善是毫無恐懼之心的！」

那因連鎖而給他人什麼東西的人，如工團團員，互助社社員，合作社社員，都是等人家給回他們一點什麼的；他們給一點錢，一點辛苦，一部份的晚上，一點應該留給他們的妻室兒女的時間，所欲得回的并不一定是那相等的東西，而是等待着一個優越的經濟制度，從而得到更多的獨立，更多的安全，或更高的生活水準。他們用現在的幸福去斟換不定的幸福；他們犧牲一點他的「我，」以擴充他的「社會我。」

## 二

大概三十年了罷，一位以他的粗暴的反塞米特族主義著名的新聞記者德魯滿（Drumont）曾經這樣寫道：

「從前，人們只說慈善，大家都拿了他的一個五佛郎去來。後來人們只說博愛了，大家只願給兩佛郎。再後來是利他主義，大家只肯給十個生丁了。目下人們只說連鎖，于是大家只拿出幾句體面話。」

這種打趣話確是很有意思，但是這并不是事實。事實上慈善事業從沒有如今日的發達。美國的一位經濟學家甚至于可以寫出這種話：假如我們統計一下那些在贈與的方式下所給的數目，其總額當在買賣借貸和交易契約方式所用的總數之上。這或者不免有點故張其詞；但是我們至少可以說，在這一切的方式之下，慈善事業是在財富分配中佔有最大地位的。

第一是在私人方式之下，在常是匿名的私人方式之下。每天我們在報紙上看見千萬金元之捐贈的記載，或是由羅克弗洛(Rockfeller)捐贈或是在羅克弗洛之前由卡內幾(Carnegie)捐贈，以爲慈善事業或科學事業之用。甚至于就是在法國，在一種比較小得多的範圍內，也可以看見一切超過過去施捨數目多多的贈與。巴黎一個大的百貨公司的經理——現在是他的未亡人了——每年都要拿出近百個(九十九)二萬五千佛郎和一樣多個的一萬佛郎，總數是三百六十萬佛郎贈與有十個或六個以上小孩的家庭。

在這些贈與之旁，應該提到在工業中特別多的雇主機關方式下的家庭津貼金和別的許多名義下的津貼金。

但是還有比較私人贈與更重要的集體贈與，叫做救濟事業，這種事業，目下特別是在人所共知的「社會服務」一名詞下表現出來。

社會服務意在代替救濟，是在大多數的國家組織起來了。牠們去年七月還在巴黎開過一次國際會議。巴黎有兩個社會服務的學校：一個是近于新教的組織，那是蒙巴納斯路的社會服務學校；另外一個是可以說是近于天主教的組織，在社會博物院裏。

我們可以說在這些社會服務的事業中一切適合于貧苦階級需要的事業都顧慮到了，都有了組織。對于食物，那是「一口麪包」(Bouchées de Pain)，經濟飯灶(Fourneaux économiques)；「幸福軍」(l' Armeé du Salut)的偉大事業，不久以前曾經建築了一座很大的房子，那婦女之宮(Palais de la femme)，其中可以供數百青年女子的居宿，并且供給廉價的食物——可是并不是免費的，這種地方正是和施捨有別的地方。對于勞動，就有「勞動救濟」(Assistance par le travail)。對于缺乏資本的人是「免息的借貸。」對于嬰孩有「乳汁」，兒童救護，托兒所，高山或海濱的村居。對于做母親的，有姙婦事業，姙婦連鎖。對于病人，有廣大的肺病破滅療養院。并且甚至于還有專管貧人居宅的陳設之「花窗事業」(l'Oeuvre des fenêtres fleuries)，分送盆栽花給貧人擺在窗口的露台上。

還有醫院的巡迴看護事業：醫院裏雇了些青年女子，不是要她們去醫治病人——因爲她們沒有受過這種教育，而是要她們留心病人的需要，訪問住院的做父親或做丈夫的病人的家庭。另外還有的巡迴護士到先天不健全的兒童學校去服務。

這種社會服務事業之外，還有國立的社會服務組織。

上星期國務院總理樸恩開賚(Poincaré)在下院的一個大演講中曾經很好地把國立的社會服務事業列舉出來了：

——對于姙婦：公元一九一三年，無開支；目下，一千零五十萬佛郎；

——對于自餵嬰兒的母親：公元一九一三年無開支；目下，三千二百萬佛郎；

——對于嬰孩：公元一九一三年，九十五萬佛郎；目下，二百四十萬佛郎；

——對于姙婦救濟：公元一九一三年，七十萬佛郎；目下，五百五十萬佛郎；

——對于生育率：公元一九一三年，無開支；目下，一千三百五十萬佛郎；

——對于兒童多的家庭：從前無開支；目下，一萬二千萬佛郎；

——對于寡婦：從前無開支；目下，一千六百萬佛郎；

——對于廉價住宅——在津貼資本或津貼資本利息等各種不同的方式下，公元一九一三年，七千一百萬佛郎；目下，四萬二千四百萬佛郎。

今年（公元一九二七年）政府對于這些預算的總數是六萬二千四百萬佛郎。這不過是一部份而已。還有別的方式的救濟在別的部的預算中，譬如內政部，有醫院的經費和互助救濟社的津貼等。

是則德岱滿的非難絲毫沒有根據，慈善不僅是用幾句好聽的話而已，而是以萬萬計的法幣在推行的，不過我們這裏的問題是在于知道這些社會服務事業是不是純全因連鎖而發生罷了。

當然的，假如人們願意說那些舊式的慈善方式應由連鎖事業來代替，施捨應該由社會服務來代替的話，我們不能不同意。這是這個字經濟上的意義之眞正的「企業」牠們是用一切科學方法來和貧窮奮鬬而組織的。

工業的合理化，是目下大家所樂談的，這種合理化，也可以在社會服務組織中找出。這是些欲以最少的費用求最大的效率而調整着的事業：用一個指導機關，一些辦公房，一個專家，技術的有相當報酬的專家去經理的。而且，在目下，進社會服務事業學校已經是學習一種職業，而尤其是變爲青年女子的專門職業了。我上面說過的校址在巴黎的那個學校，每年發出四五十張文憑給靑年女子，俾她們得以走進先天不健全的兒童學校、醫院和工廠中去。

不消說那是一個進步。本來基督教的慈善太過于有意去相信這樣的一個理想：相信上帝願有貧窮存在，甚至上帝祝望貧窮存在，用不着去消滅牠；并且還以爲那是富者的好處——從倫理上說這種思想是多麼危險——使富者獲得一個爲個人積陰功的方法，如是慈善成了一種鍛煉倫理的體操。耶穌曾說，你們中間將總有貧窮者在；人們且因此可以得到一個結論說，貧窮者是應該有的，這樣一來才能常常有更多的犧牲精神更多的愛。

這樣一來人們被引到歌頌貧窮之路，而不去想法子去使之消滅了，被引到差不多可以說剝削貧窮者之路，俾得因能施捨而踏入天國。

你們中間一定有許多人知道阿西斯（Assise）的聖夫浪梭亞（Saint Francois）對「聖母貧窮」（Notre-Dame Pauvreté）的動人的頌詞：

「請你回憶一回憶你由天國下來，以和『聖母貧窮』結婚，并因而生下許多兒子的那件事情能，上帝。

「那是她把你招待在牛欄和槽坊裏的，也是她和你住了一世，照顧你是不是有地方安放你的頭的。

「到了你口渴得要死之時，她關照人家不要給水你喝，因此你就這樣地在這個女人的懷抱中魂歸天國了。

「啊！這『聖母貧窮，』誰不愛之若命呢！」

一種這樣的對于貧窮之贊美的說話，結果只是施捨的贊美，并且從這裏邊很顯明地發現了那是和現代思想絕對不能相容的。

今日的一切的公共的和私人的救濟事業之努力，都是傾向于消滅貧窮——而且不但是用預防的方法，還要用醫治的或懲罰的方法。

這種組織所可企待的結果似乎應該是很大的，從預防下手，比醫治來得尤其有效。

然而我不願意使人相信一切的進步都在這個變化之中。人們很可以找出不少的非難拿來攻擊這些所謂連鎖的慈善方式。

第一是自從沒有一種來往在富者與貧者之間、被濟者與濟人者之間、給與救助者與接受救助者之間存在以後，那已經把一切在這些事業中可以發生愛的或者慈悲——假如閱者以爲這個字眼更妥當時——的東西完全消滅了。

做慈善事業的和接受慈善事業的彼此不相識，彼此不看見。今日的做慈善事業的人再沒有往日的婦人們腰上所束的那條慈善帶了。他們先是收下一本小小的粟籌：房屋票，飲食票，經濟飯灶票勞動票。他們把票子再一張一張分了出去。但是這種做法還有要去看貧者一次并且給貧者以票子的手續。現在連這種手續也不需要了。那是社會服務負起了這種責任，由牠代他們分出去，慈善家只要把錢拿出來，而人家代他們去執行；那是代理的慈善。目下人們傾向在社會服務中表現一種強迫的服務，破滅不幸，破滅悲楚，破滅傳染，破滅蛸集在我們城市的那一羣野蠻東西等的社會防衛的服務——但是這是一種不給從事于此的人以多大勞苦的社會服務，因爲有人代他們去執行這種工作了。

和我們上下年紀的人，在第二帝政時代，看見過七年的長期軍役制；但是這時的富者卻可以用錢雇一個代替人，由這種代替人去代他們去打戰，有時就代他們把命送了。

今日的慈善家，也和這裏的情形一樣，有他們的代理人；這些代理人，是一些在爲他們辦理慈善事業的社會服務機關中工作的社會服務職業者，而且這些人，或者比他們的慈善家自己還要辦得好些，因爲這些人以社會服務爲職業。那末慈善豈不是在我們剛才列舉過的連鎖的事業中沒有地位了嗎？但是可眞消滅了沒有呢？

譬如這裏就有一個像拉夫爾士（Laforce）的新教養育院的機關，這個機關我參觀過好幾次，專門接受并收留一些完全殘廢了的人——癲癇的兒童、白癡、佝僂的兒童：幾乎都不能稱做「人」，而只是一些怪物。在何種意義之下，我們可以稱這種機關爲連鎖的事業？在什麼理由之下，可以這樣稱牠？連鎖所倡導的多爲使社會體由那可以傳染于牠的東西下解放出來：假如有一個手或一足發脫疽，或者甚至于只要有了一個盲腸炎，正因爲人體各器官間的連鎖關係，一個器官壞了，可以危及整個機構，而要把牠割掉。所以人們對此所負的責任，幷不是維持、將護、愛惜這一個病了的手足、病了盲腸，而是一刀兩斷！

然而在這個養育院中，人們對于這些可憐蟲的殘喘，卻總是設法維持、將護，盡量使其得以把生命多延長一日。這是什麼原因呢？因爲人們覺得這些怪物終究是萬物之靈的人類，而愛他們。這不是慈善——這字僅有的意義——的事業——愛的事業是什麼？

可是，即是在這裏，也有人想把連鎖的原則用上去。在我好幾次提起過的巴若（Payot）——這個連鎖的使徒的理論學大綱中已經可以看到了這種旨趣，幷且曾經用過這樣的句子寫道：「殘廢者的本身，已經用來使我們發現神經網的路線了。靠了牠我們知道千千萬萬的生命。」

但是天竺鼠和犬也一樣地使生物體解剖者救出了千千萬萬的生命，至少是據他們的劊子手是這樣說。而這些可憐的殉難者，并沒有機會去自己讚美牠們的這種連鎖！從這種奇怪的論證中，我們又可以得到什麼論證呢？連鎖所告訴我們的，是叫我們應該將護拉夫爾士養育院的客人還是叫我們應該把他們解剖了去學取如何將護我們自己之比較好的方法呢？

或者我們在連鎖學說中可以找得一個比較好的論證來說：正和我們個人所有的財富乃由集體的原因而來，而且大部份由遺傳而來一樣，他們這班人的生理的不幸，也是由集體的原因而來，由悲慘的遺傳而來；同是過去的繼承者，我們豈不是應該拿一點好的命運放在這種壞的命運之中嗎？是的，但是對我說這句話的心聲是良心，而不是慈善。

再舉一個別的例子。剛才我說的那些給與小孩多的家庭之贈與，就可以拿來應用：人們也想從這裏邊看出連鎖的行動來。但是從什麼地方可以看出來呢？我不大懂得郭業扣（Cognacq）夫婦或其他的這一類的慈善家，從什麼地方覺得自己對于這些有十幾個小孩的貧苦家庭，應該負責，并且爲什麼有幫助牠們的職份？

要不然，就這裏應該也得來一個轉灣抹角的推論，答道：不僅是應該從現在着眼，這是還要看到將來的。愛國主義是連鎖諸方式之一種：假如你要法國存在下去，應該要牠有許多的小孩子，假如你沒有小孩子，那你當然負有一個維持那些擔當這種愛國任務之人的職份。

然而這裏再有一種難以完成的辯證法，卽是把一個礙眼的字眼除掉，并且給予巴若在他的爲中學生所寫的倫理學大綱有肯定的這個驕傲一字，以一個滿意的答覆。巴若說：「我們的尊貴的自由人的驕傲，再不能接受慈善的汚辱。」

那末如何除掉這個汚辱呢？雷項布頓亞在他的社會契約說中表白過：「我對那些做好事的人說：你以爲你行了慈善嗎？覺悟過來罷。你只是繳還了你的債，不要那麽樣地驕傲。」（註三）是則那些在連鎖的思想下給人家東西的，不免要得到這種回答：「我收下這一期的帳款，餘數你往後再繳罷！」

用這種方式去看慈善事業自然把性質完全變更了。這方式或者不是一種怎樣可以鼓勵的方式。怕的是這些我剛才說的慈善的美國的贈與者，當人們對他說：「你只是繳了一筆債款。不能驕傲罷」一時，一定給這種涼水雨淋冷了下去。這樣一來，不得不進一步用賦稅去拿取那一筆他不願再和當初一樣好意地拿出來的錢；但是這裏使我們走到和慈善之愛相距很遠很遠的極端去了。雷頁布頓亞君就會規定某幾個特別的場合：教育，保險，應該用賦稅收入的款去辦。

這裏又有一個別的原素走進來了：那不再是連鎖，而是輪到正義去企圖把慈善消滅了。

正義的含義，誠然是一天一天地壯麗地擴大了。其初是未開化者的正義，那時只是平等，而且還講不到價值的平等——那是他們所不懂得的——不過是量的平等，重的平等罷了；後來是價值的平等，這已經是一個進步，是平衡了：「一還一。」但是這種正義，還是浸染了利己主義：我給你爲得你給我；我給你這樣多，使你也給我這樣多。這是報答律：一眼還一眼，一口還一口！

假若有人要說：「我給你，因爲你給了我，」那還是已經好了一點，因爲這種服務的酬謝比較不怎樣是「一還一」了。犧牲這字的本身，這目下表示最大限度的貢獻一字，在字源上，只是指的一種和上帝的交換，卽是以血當價錢去購取恩惠，有時這種價錢還是一種最貴的——含有貴字的雙重意的價錢。

但是正義的含義已經超過了這個限度；牠是出了交易的範疇的，牠不僅是一種互相的授受，而是有了羅馬法學家所定的含義的，卽是在當初看得那末樣嚴格的一種權利：「正義乃交回個人以其應得之權利的永恆的意志」(Justitia est constans ac perpetua voluntas sum cuigu jus tribuendi)。

這裏給的人，不再專是顧到他可以收到的東西；他所顧慮的，是對方的權利。他自己問自己道：

「在權利上對方可以有些什麽東西呢？」

譬如，在工資上面，不是在于供給那由競爭所決定的工資，根據科布登的公式說「工資每于好幾個工人在雇主前面競爭之時而低落，而于好幾個雇主在工人們面前競爭之時而增高」——卻是去找取什麽是工人的權利，他們的做人權利，他們的做公民的權利，他們的爲一家之長的權利；這樣一來，結果——比方說罷，得到的是由法律所規定的一個最低限度的工資，或者得到一個今日各大工廠所實行的制度：工人家庭津貼金于工資之上，看工人小孩的多少，津貼某一個數目，使工人得以養活他的家庭。

這正是正義的一個新的概念，因爲這個概念在某種限度內把從前在慈善範圍內的東西包括了。并且這種正義的概念還在不斷地擴大，這是權利史所供給我們的一種進步的擴大之最美麗的景相。

而且在刑法中也和在民法中一樣：正義是人道化了；正義對于罪人的往事，罪人的環境以至于罪人的熱情的不加追究。我們知道目下對于熱情犯的罪人予以開釋，已經成了通則。這種正義的方式，其寬恕的態度雖是可以被人指摘，然而很能顯出這裏的一個進步還有不少的別的改張也在同一的精神中出現了！那常見不一見以及甚至每每大大地出了範圍的刑罰猶豫執行律，和兒童法院等等的事情，就是這種精神的產物。

這幷沒有什麼可以詫異的地方！這個新的正義已經超過了人類的境界，擴張到動物上面去了。有的權利已經用到動物身上，有一個法律——那格拉滿律（La loi Grammont），即反對人類對于動物的虐待。猶太法律，在聖經中已經給了動物一個安息日，有如人類的禮拜日一樣。而且關于這個，最近我們又在報紙上讀到一個主張授予動物八小時工作的提議，即是我們的勞動侶伴的動物，也每天只做八點鐘的工作。

但是這裏我們要問，假如這種演進繼續進行，正義的範圍是不是會把慈善最古代的範疇所達到的限度也都包括進去了呢？

不，假如正義漸漸地擴充下去，愛的同心圈也要在同一的比例中去擴充，而且會常常要超過牠的。

（註一）而且還在一種這樣的更顯明的句子中說道："Aut oarite moventur homines, ut deorum, ut patriae, ut parentum——aut amore, ut patrum, ut conjugum, ut liberorum, ut familiarum.

（人類的動機或是慈善或是愛：在爲上帝、爲祖國、爲祖先之時是慈善在爲我們的家庭、父母、夫婦、兒女或我們的朋友之時，是愛。）

（註二）拉滿勒（Lamennais）在他的下面這一段寓言內就于無意之中把這個意義道出來了：「耶路撒冷是一片可耕的土地。當時有兩個兄弟共同擁有現在建了廟字的土地之一部份。他倆中間有一個是結了婚的，而且生了好幾個小孩；另外一個是獨身。他倆共同耕種他們的母親所遺下來的這片土地。收穫的時期到了，兩兄弟把他們的麥割了，一束一束地堆起來，堆成兩個相等的堆，就這樣放在田間。夜裏，兩兄弟中間的那個沒有結婚的，有一個好想頭；他想：『我的兄弟有一個老婆和幾個孩子要他養活；我分的麥子也和他一樣多，是不合理的。是的！我去從我的那一堆上拿下幾束來，祕密地加在他的那一堆上；他是不會知道的，這樣一來，他也無從拒絕。』他于是照着他所想的做了。同着這個夜裏，另外的那個兄弟醒了轉來，對他的女人說：『我的兄弟年輕，他獨自一個人生活着，沒有伴侶，他沒有人去幫助他工作，去安慰他的疲勞；在我們的公共的田中，我們也分了他一樣多的麥子，是不合理的。我們起來，起來去從我們的堆上取一個多少束，祕密地加在他的那一堆上；明天他是不會發覺的，當然無從拒絕了。』于是他們夫婦照着他們所說的做了。」

（註三）并且他還說：「當人殺其所應殺的之時，不是一種贈與。（見社會連鎖六十至六十一頁）

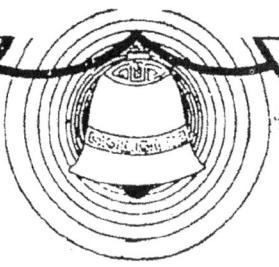

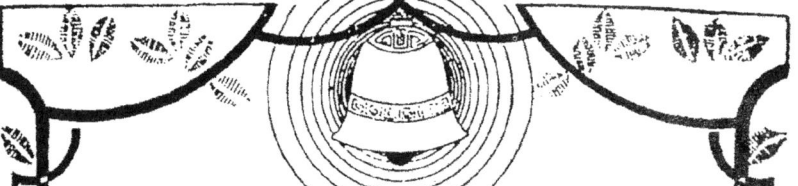

中華民國二十六年二月初版
合作叢書第二種
連鎖論 La Solidarité
全一冊 實價國幣七角（外埠酌加運費匯費）

原著者 Charles Gide
譯者 彭師勤
主編者 中央政治學院合作學院
發行人 吳秉常 南京河北路本局
印刷所 正中書局 南京河北路齊家巷口
發行所 正中書局 上海福州路 南京太平路
(705)
1/1—15